Ethik 3

Grundschule Bayern

Ein Schülerbuch für das 3. Schuljahr
Ausgabe Bayern

Erarbeitet von
Angelika Ziegler, Großostheim

Ethik Grundschule
Schülerbuch für das 3. Schuljahr
Erarbeitet auf der Grundlage der Ausgaben von:
Udo Balasch, Helmut Hanisch, Manfred Pollert, Wolfgang Pschichholz,
Friederike Taut-Müller, Thomas Trautmann und Brigitte Wegener

Redaktion: Kirsten Pauli
Illustrationen: Cornelia Haas, Uli Waas (S. 27, 61, 93, 94, 95), Iris Buchholz/Stefan Horst/
Elke Junker (S. 15, 16, 38, 45, 90, 91) und Ulrike Baier (S. 62, 63)
Fotos: Cornelsen Verlag (Marek Lange, Henrik Pohl, Peter Wirtz)
Notensatz: Kontrapunkt Satzstudio Bautzen
Umschlaggestaltung: Sylvia Lang / Umschlagfoto: Peter Wirtz
Layout: Katharina Wolff / Technische Umsetzung: Ingrid Uhlmann

www.cornelsen.de

1. Auflage, 7. Druck 2011

Alle Drucke dieser Auflage sind inhaltlich unverändert
und können im Unterricht nebeneinander verwendet werden.

© 2002 Cornelsen Verlag, Berlin

Das Werk und seine Teile sind urheberrechtlich geschützt.
Jede Nutzung in anderen als den gesetzlich zugelassenen Fällen bedarf der
vorherigen schriftlichen Einwilligung des Verlages.
Hinweis zu den §§ 46, 52a UrhG: Weder das Werk noch seine Teile dürfen ohne eine
solche Einwilligung eingescannt und in ein Netzwerk eingestellt oder
sonst öffentlich zugänglich gemacht werden.
Dies gilt auch für Intranets von Schulen und sonstigen Bildungseinrichtungen.

Druck: CS-Druck CornelsenStürtz, Berlin

ISBN 978-3-464-82001-8

 Inhalt gedruckt auf säurefreiem Papier aus nachhaltiger Forstwirtschaft.

Inhaltsverzeichnis

Erfolg und Versagen 5

Ich 6
Die Krapfen 7
Der Adler und der Sperling 8
Ich schiele 9
Ein Nachtgespräch 10–11
Ayse träumt von Note 1 12–13
Der Hase und die Schildkröte 14
Die beiden Brüder 15
Der Weg zum Erfolg 16
Am Graben 17
Ich schaff das schon 18–19

Zueinander finden 20

Nachdenken über verschiedene
  Gemeinschaften 21
Ich bin glücklich 22
If you´re happy 23
Sophie bleibt stumm 24–25
Wann Freunde wichtig sind 26
Freunde bleiben 27
Ein braves Kind 28
Ein „guter" Freund 29
Die Geschichte vom Hasen mit den
  großen Ohren 30–31
Geht einer auf den andern zu 32

Mein Leben 33

Das Kostbarste 34
Wichtige Ereignisse in meinem Leben 35
Spuren in meinem Leben 36
Was ich mir für mein Leben erträume 37
Unsere „Traumwolke" 38
Lebenstraum: Glück 39
Oma Schmidt 40
Das Leben ist stärker 41–42
Lebensziele 43
Spielen müssen 44
Eine schwere Entscheidung für Daniel 45
Dankbar sein 46

Gelebte Kultur 47

Höfliche Kinder 48
Hey, hello, bonjour, guten Tag 49
Das Geheimnis von GrüBiDa-Land 50–51
Schulbesuch in Frankreich 52
Wir spielen 53
Dithwai 54–55
Religionen begegnen 56
Laura und Frank beten zu Gott 57
Andrea im Gottesdienst 58
Wichtige religiöse Ereignisse im Leben
  von Christian 59
Kathrin und Alexander helfen
  ihren Mitmenschen 60
Die Bibel 61
Gott erschafft die Welt 62–63
Von guten Mächten wunderbar
  geborgen 64

Jesus und die Kinder   65
Itzhak betet zu Gott   66–67
Familie Rabin feiert Sabbat   68
Die Synagoge   69
Die Tora   70
Die Juden werden in Ägypten
  unterdrückt   71
Gott rettet die Juden   72

Unsere schöne Welt   73

Feuer   74
Wasser   75
Erde   76
Luft   77
Pflanzen   78
Tiere   79
Wunder Mensch   80
Das große Wunder   81
Für und gegen die Bekämpfung
  des Kartoffelkäfers   82
Für und gegen Versuche an Ratten   83
Wir sind Teil der Erde   84–85
Viele kleine Leute   86

Konflikte   87

Der Gruselfilm   88
Die Wahrheit sagen   89
Ich bin so gemein gewesen   90–91
Die beiden Ziegen   92
Streit   93
Streit entsteht – Streit vergeht   94
Ich bestimme hier aber!   95
Friede   96

Zeichen vor den Aufgaben

○   Aufgaben

💭   nachdenken

💭✋   erst nachdenken, dann handeln

○   Differenzierungsaufgaben

Erfolg und Versagen

✿ Erfolg und Versagen ✿

Ich

Ich stehe
manchmal
neben mir
und sage
freundlich
DU zu mir
und sag
DU bist
ein Exemplar
wie keines
jemals
vor dir war
Du bist
der Stern
der Sterne
Das hör ich
nämlich gerne

Jürgen Spohn

① Versuche auch einmal „neben dir zu stehen". Denke nun darüber nach, was du besonders gut kannst und was dir Schwierigkeiten bereitet. Schreibe es auf zwei verschiedene Sterne.

② Suche dir ein anderes Kind, das auf die Rückseiten deiner Sterne deine Stärken und Schwächen schreibt. Vergleiche sie mit deinen Notizen.

③ Warum sieht das andere Kind deine Stärken und Schwächen genauso oder anders? Ist es für dich wichtig, dass du deine Stärken und Schwächen und die Sichtweise anderer darüber kennst?
Ist es für dich gut, dass sich eure Sichtweisen auch voneinander unterscheiden?
„DU bist ein Exemplar, wie keines jemals vor dir war." – Denke darüber nach.

④ Warum ist es möglicherweise gut, dass ein anderes Kind über deine Stärken und Schwächen anders denkt als du. Sage es ihm.

✿ Erfolg und Versagen ✿

Die Krapfen

Einmal hat der Vater zum Kind gesagt:
„Bitte, hol mir von der Post dreißig Briefmarken!"

Und die Mutter hat gesagt:
„Auf dem Rückweg kannst du vom Bäcker drei Krapfen mitnehmen."

Das Kind ist mit dem Geld fortgegangen.
Es war nicht weit zur Post.
Aber die anderen Kinder haben auf der Straße
gespielt, und das Kind hat ihnen zugeschaut
und auch ein bisschen mitgespielt.

Dann ist es zur Post gegangen.
Es hat drei Briefmarken gekauft,
und dann hat es beim Bäcker dreißig Krapfen gekauft,
zwei große Säcke voll,
das Kind konnte sie kaum schleppen.

Der Vater hat gelacht und gerufen:
„Jetzt muss ich die Krapfen auf meine Briefe kleben!"
Und die Mutter hat auch gelacht und schnell Kaffee gekocht.
Und sie haben Krapfen gegessen, bis sie Bauchweh hatten.

Ursula Wölfel

① Malt die Geschichte von den Krapfen. Stellt eure Bilder in der Gruppe vor.
② Das Kind hat wegen einer besonderen Schwäche einen Fehler gemacht.
   Um welche Schwäche handelt es sich dabei? Wie hat es sich wohl hierbei gefühlt?
   Wäre ihm der Fehler auch passiert, wenn es die besondere Schwäche nicht hätte?
   Ist es für das Kind jetzt gut, dass es von dieser Schwäche weiß?
③ Male bei passender Musik eine Situation aus deinem Leben, in der du wegen
   einer besonderen Schwäche von dir einen Fehler gemacht hast.
   Überlege, wie du diesen Fehler in Zukunft vermeiden kannst.
④ Probiere es aus.

Erfolg und Versagen

Der Adler und der Sperling

Der Adler rief alle Vögel zusammen und prahlte: „Wer von euch vermag so stark zu schreien wie ich?"
Keiner der Vögel ließ sich vernehmen.
„Und wer von euch kann sich mit mir im Ringkampf messen?",
5 fragte der Adler. Und wieder ließ sich keiner vernehmen.
„Und wer von euch kann so hoch emporfliegen wie ich?"
Da rief der Sperling, der wegen der Prahlerei des Adlers in Wut geraten war, ganz laut: „Ich, Adler, ich kann höher fliegen als du!"
„Du?", wunderte sich der Adler und mit ihm die anderen Vögel.
10 „Ja, ich!", beharrte der Sperling. „Wir können ja sofort unsere Kräfte messen!"
So stellte sich der mächtige Adler neben den kleinen Sperling, der Adler breitete seine gewaltigen Flügel aus, und in diesem Augenblick sprang ihm der Sperling unbemerkt auf den Rücken. Der Adler nahm das gar nicht wahr und trug den Sperling hoch, hoch empor bis auf den allerhöchsten Felsen und dort rief er:
15 „Nun, wo bist du denn, Sperling?"
„Hier!", ertönte es knapp über dem Adler.
Der Adler staunte darüber und flog noch höher, bis über die weißen Wolken, und dann rief er abermals: „Nun, wo bist du denn, Sperling?"
Der Sperling pustete sich auf dem Rücken des Adlers auf
20 und antwortete: „Hier!"
Da war der Adler schon zornig, abermals breitete er seine Schwingen aus, um noch höher zu fliegen, doch er hatte keine Kraft mehr. Er stürzte aus der Höhe wie ein Stein in die Tiefe und über ihm flatterte lustig der Sperling in die Lüfte.

Aus Indonesien

① Lest den Text mit verteilten Rollen und gut betont vor.
② Schreibt auf Wortkarten in zwei unterschiedlichen Farben, welche Stärken und welche Schwächen die beiden Vögel jeweils haben.
③ Sind die Stärken der beiden für sie selbst wichtig und für den anderen? Hat die körperliche Schwäche dem Sperling geholfen? War es wichtig, dass er diese Schwäche genutzt hat? Auch du hast bestimmt eine Schwäche, die dir aber dabei helfen kann, stark zu werden.
④ Versuche diese Schwäche dafür zu nutzen, stark zu werden.

Erfolg und Versagen

Ich schiele

Ich schiele.

Das macht den anderen Spaß.

Manchmal klebt mir der Arzt ein Heftpflaster

über das linke Brillenglas.

Das mögen die Kinder in meiner Klasse

besonders gern.

Dann lachen sie besonders laut.

Und am lautesten lacht der Karli.

Der lacht dann so viel und so laut,

dass die anderen gar nicht merken,

dass er noch viel mehr schielt als ich.

Christine Nöstlinger

1. Wie reagieren die Kinder in der Klasse und Karli auf die körperliche Schwäche des Kindes? Spielt es vor.
2. Warum lacht Karli am lautesten? Ist es richtig, dass die Kinder und Karli sich so verhalten?
   Wie könnte dem Kind seine körperliche Schwäche dabei behilflich sein, stark zu werden?
3. Überlegt euch eine Möglichkeit in der Klasse und spielt sie vor.
4. Wie reagierst du, wenn du jemandem mit einer körperlichen Schwäche begegnest?

Ein Nachtgespräch

Gestern Abend, ich war schon eingeschlafen, hörte ich wie im Traum, dass sich die fünf Finger meiner rechten Hand leise miteinander unterhielten. Der Daumen sagte gerade: „Ich bin ja doch der Dickste und Stärkste von uns. Deshalb müsst ihr mir gehorchen. Ohne mich könnt ihr ja sowieso nichts anfangen. Jedem von euch muss ich immer helfen, allein bringt keiner von euch etwas zu Wege." Er spielte sich mächtig auf und kam sich sehr wichtig vor.

Nach einer Weile sagte der Zeigefinger: „Du magst der Dickste sein, aber der Klügste bin ich. Wenn es darum geht, den richtigen Weg zu zeigen, dann muss ich das tun. Auch in der Schule bin ich es, der dem Lehrer anzeigt, wenn ich etwas weiß. Und wenn ich später selbst einmal Lehrer bin, zeige ich den Kindern alles auf der schwarzen Wandtafel. Sogar beim Lesen kann ich helfen. Also bin ich der Erste von uns, denn der Klügste ist immer der Erste." Na, dachte ich mir, das sind ja tüchtige Angeber, blieb aber ganz still, denn ich wollte mal hören, was nun noch kommen würde.

☆ Erfolg und Versagen ☆

Da sagte auch schon der Mittelfinger: „Papperlapapp, der Größte bin nun einmal ich, da könnt ihr reden, so viel ihr wollt. Und der Größte ist immer der Anführer."
Daumen und Zeigefinger brummten unwillig, denn das war ihnen gar nicht recht.
Da meldete sich aber schon der Ringfinger: „Seht euch doch einmal an! Und dann
5 seht mich an! Der Schönste von uns bin ich. Deshalb bin ich es auch, der den goldenen Ring trägt. Ich bin euer König."

Alle sahen nun spöttisch zum kleinen Finger hin, denn sie vermuteten, dass auch dieser nun etwas über seine Vorzüge sagen würde. Der blieb aber ganz still und bescheiden. Schließlich fragte ihn der Daumen: „He, du Knirps, wünschst du
10 vielleicht auch noch etwas zu sagen?"

Da seufzte der kleine Finger und sprach dann leise: „Ich bin so klein und schwach, ich kann allein gar nichts. Aber ich denke, ein jeder von uns vermag nur wenig. Erst wenn wir alle zusammenhalten und gemeinsam anpacken, können wir etwas leisten. Erst dann sind wir eine richtige Hand. Und wenn dann noch die linke
15 Hand mithilft, können wir alles machen, was wir nur wollen."
Da schwiegen die anderen Finger und schämten sich ihrer großen Worte.
Und ich dachte mir, dass der Kleine ganz Recht hatte – und wie bei den Fingern ist es ja auch bei den Menschen. Dann drehte ich mich auf die andere Seite und schlief weiter.

Walter Haug

① Spielt das Streitgespräch vor. Achtet dabei besonders auf die Sprechblasen des Bildes.
② Vergleicht die Stärken der einzelnen Finger.
③ Warum können ohne den schwachen kleinen Finger auch die anderen Finger nur wenig leisten? Warum ist der schwache kleine Finger für die Hand so wichtig?
Auch deine Schwächen können dir dabei helfen stark zu werden.
(Die Notizen auf deinem Stern von Seite 6 können dir vielleicht helfen.)
④ Versuche eine deiner Schwächen dazu zu nutzen, stark zu werden.

✦ Erfolg und Versagen ✦

Ayse träumt von Note 1

Ich sitze in der Bank
und lerne.
Was treibt die Ayse?
Sie schaut hinaus
und sucht was in der Ferne.

Ich sitze in der Bank
und lese.
Was macht die Ayse?
Sie schlitzt die Augen
wie ein Chinese!

Der Lehrer fragt:
Wo lebt der Wal?
Schwimmt er in unserem Teich?
Wie viel ist drei mal neun?
Der Heiner weiß es gleich.

Und unsre Ayse?
Sie starrt hinaus ...
Und wo liegt Mainz?
...
Ayse träumt von Note Eins ...!

Frans Hermans

① Spielt die Geschichte von Ayse. Achtet dabei auch auf eure Körpersprache.
② Ayse träumt von Note 1 – und trotzdem hatte sie keinen Erfolg beim Lernen. Findet Gründe dafür und schreibt sie auf Wortkarten.
③ Ist es für Ayse überhaupt wichtig, dass sie Erfolg beim Lernen hat?
④ Es gibt aber auch Erfolg beim Sport, beim Umgang mit anderen, beim Musizieren ... Finde Gründe, wovon hier der Erfolg oder der Misserfolg abhängen kann.

✿ Erfolg und Versagen ✿

① Wie sollte sich Ayse jetzt nach ihrem Misserfolg im Unterricht verhalten, um besser lernen und dann Erfolg haben zu können?
Sprich mit deinem Partner darüber und schreibt eure Gedanken auf.

② Vergleicht eure Tipps für Ayse.

③ Ayse hat sich etwas vorgenommen. Sie versucht aus ihren Fehlern zu lernen und nicht aufzugeben.
Warum sind diese Vorsätze von Ayse jeweils „gute" Vorsätze? Ist es richtig, dass sie sich dies vorgenommen hat?
Wird sie eine Eins bekommen, wenn sie ihre „guten" Vorsätze beim Lernen beachtet?
Wenn nicht, sollte sie dann lieber auf ihre „guten" Vorsätze verzichten?
Gelten diese „guten" Vorsätze nur für den Erfolg in der Schule?

④ Auch du hast schon einmal einen Misserfolg erlebt. Welchen „guten" Vorsatz ziehst du daraus? Führe ihn aus.

✿ Erfolg und Versagen ✿

Der Hase und die Schildkröte

Ein Hase und eine Schildkröte gingen einmal ein Stück Wegs zusammen.
„He, du Bummelzug!", spottete der Hase. „Du kommst ja nicht vom Fleck."
5 „Lach mich bloß nicht aus!", erwiderte die Schildkröte. „Wetten, dass ich schneller laufen kann als du?" „Kannst du nicht", sagte der Hase. „Kann ich doch", sagte die Schildkröte.
„Okay", sagte der Hase, „lass uns um die Wette
10 laufen. Aber dass ich gewinnen werde, ist ja klar."
Sie baten einen Fuchs, das Startzeichen zu geben.
„Achtung – fertig – los!", rief der Fuchs.
Der Hase raste los. Er hatte ein solches Tempo drauf, dass er die Schildkröte weit hinter sich ließ.
15 Ich komme noch früh genug an, überlegte er und beschloss, sich eine kurze Pause zu gönnen.
Dabei schlief er aber fest ein.
Die Schildkröte kroch gemächlich dahin.
Sie blieb kein einziges Mal stehen.
20 Als der Hase erwachte, sprang er auf und rannte, so schnell er konnte.
Aber die Schildkröte war schon am Ziel und hatte den Wettlauf gewonnen.

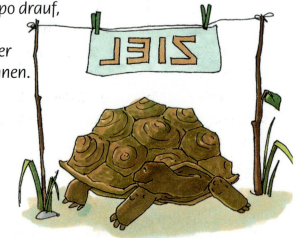

Äsop
nacherzählt von Margarete Clark/ Tilde Michels

① Spielt den Wettlauf zwischen dem Hasen und der Schildkröte mit entsprechenden Instrumenten vor.
② Findet in der Gruppe Gründe für den Erfolg der Schildkröte und den Misserfolg des Hasen. Schreibt diese auf eine „Siegerurkunde" und eine „Teilnehmerurkunde".
③ Vergleicht eure Gründe.
④ Hätte die Schildkröte auch gewonnen, wenn der Hase keine Pause eingelegt hätte? Wie sollten sich der Hase und die Schildkröte nach ihrem Erfolg und ihrem Misserfolg verhalten?
⑤ Spielt es vor.

Erfolg und Versagen

Die beiden Brüder

Zwei Brüder wohnten zusammen. Der Jüngere war verheiratet und hatte Kinder, der Ältere war unverheiratet. Sie pflügten das Feld und streuten den Samen aus. Zur Zeit der Ernte brachten sie das Getreide ein und teilten die Garben in zwei gleiche Stöße. In der Nacht schliefen die beiden Brüder bei ihren Garben. Der Ältere
5 konnte keine Ruhe finden und sprach zu sich: „Mein Bruder hat eine Familie, ich dagegen bin allein und doch habe ich gleich viele Garben wie er. Das ist nicht recht." Er stand auf, nahm von seinen Garben und schichtete sie auf die Garben seines Bruders.

In der gleichen Nacht erwachte auch der Jüngere. Auch er musste an seinen Bruder
10 denken und sprach zu sich: „Mein Bruder ist allein und hat keine Kinder. Wer wird später für ihn sorgen?" Und er stand auf, nahm von seinen Garben und trug sie heimlich hinüber zum Stoß des Älteren.

Als es Tag wurde, erhoben sich die beiden Brüder. Wie war jeder erstaunt, dass ihre Garbenstöße gleich groß waren wie am Abend zuvor. Aber keiner sagte dem anderen
15 ein Wort.

In der zweiten Nacht wartete jeder ein Weilchen. Dann erhoben sie sich und jeder nahm von seinen Garben, um sie zum Stoß des anderen zu tragen. Auf halbem Wege trafen sie aufeinander. Jeder erkannte, wie gut der andere es mit ihm meinte. Da ließen sie ihre Garben fallen und umarmten einander …

① Schreibe in Gedankenblasen, welche Überlegungen für das Aufteilen des Erfolgs der jüngere und der ältere Bruder in der ersten Nacht hatten.
② Vergleicht die Gedanken miteinander.
③ War das Verhalten des jüngeren Bruders richtig? Hätte der ältere Bruder ganz auf den Erfolg seiner Arbeit verzichten sollen? Haben sie „gerecht" geteilt? Warum wollten sie das heimlich tun? Wie solltest du dich einem anderen Kind gegenüber verhalten, wenn du selbst Erfolg hast?
④ Denke daran, wenn du Erfolg hast, und handle danach.

✿ Erfolg und Versagen ✿

Der Weg zum Erfolg

Beppo, der Straßenkehrer, unterhält sich mit Momo. Er erzählt: „Manchmal hat man eine sehr lange Straße vor sich. Man denkt, die ist so schrecklich lang; das kann ich niemals schaffen, denkt man."
5 Er blickte eine Weile schweigend vor sich hin, dann fuhr er fort: „Und dann fängt man an sich zu eilen. Und man eilt sich immer mehr. Jedes Mal, wenn man aufblickt, sieht man, dass es gar nicht weniger wird, was noch vor einem liegt. Und man strengt sich noch mehr an, man kriegt es mit der Angst und zum Schluss ist man ganz außer Puste und kann nicht
10 mehr. Und die Straße liegt immer noch vor einem. So darf man es nicht machen."
Er dachte einige Zeit nach. Dann sprach er weiter: „Man darf nie an die ganze Straße denken, verstehst du? Man muss nur an den nächsten Schritt denken, an den nächsten Atemzug, an den nächsten Besenstrich. Und immer wieder nur an den nächsten."
15 Wieder hielt er inne und überlegte, ehe er hinzufügte: „Dann macht es Freude; das ist wichtig, dann macht man seine Sache gut. Und so soll es sein."
Und abermals nach einer langen Pause fuhr er fort: „Auf einmal merkt man, dass man Schritt für Schritt die ganze Straße gemacht hat. Man hat gar nicht gemerkt, wie, und man ist nicht mal außer Puste." Er nickte vor sich hin und sagte
20 abschließend: „Das ist wichtig."

Aus dem Buch „Momo" von Michael Ende

① Schreibt auf eine „Straße" aus Papier, was man nach Beppo nicht denken und tun darf, um Erfolg bei der Arbeit zu haben. Notiert auf ausgeschnittenen „Pflastersteinen", was Beppo rät zu tun, um Erfolg zu haben.
Legt die „Pflastersteine" neben die „Straße" und vergleicht.

② Warum soll man bei Beginn der Arbeit nie denken: Das schaffe ich niemals?
Was bedeutet es, immer erst an den „nächsten Besenstrich" zu denken?
Warum sollte man erst daran denken?

③ Ist es für den Erfolg wichtig, dass die Arbeit Freude macht? Beppo hat aus seinen Fehlern bei Misserfolg gelernt. Überlege dir ein Beispiel aus deinem Leben, bei dem du es ähnlich machen könntest.

④ Probiere es aus.

Am Graben

Werner und Fritz, Kurt und der kleine Hans kamen an einen Graben, der breit und tief war. „Wir müssen umkehren", sagte der kleine Hans.
„Kommt nicht in Frage", sagte Werner. Er nahm Anlauf, sprang und war schon drüben. Dann sprang Kurt und dann Fritz.
5 „Spring doch!", riefen die drei von drüben. Der kleine Hans aber traute sich nicht.
„Wie ein Frosch siehst du aus!", verspottete ihn Kurt. Er hat Recht, ich bin ein Frosch, dachte der kleine Hans.
Werner sagte: „Ich nehm dich auf den Rücken und spring noch einmal."
Und dann fallen wir beide in den Graben, dachte der kleine Hans.
10 Da sagte Fritz: „Wenn der Graben nicht ganz so breit wäre, kämst du dann hinüber?"
„Dann schon!", sagte der kleine Hans.
Fritz stellte einen Fuß an den Grabenrand, streckte Hans eine Hand entgegen und sagte:
15 „Hier, meine Hand ist der Rand!"
Der kleine Hans schaute nur auf die Hand von Fritz. Er dachte: Die ist ja gar nicht so weit weg. Er nahm Anlauf, und schon war er drüben.
Fritz sagte: „Na, siehst du! Meine Hand hast du
20 nicht mal gebraucht."
Und alle vier liefen weiter.

Hans Baumann

① Spiele die Geschichte mit deiner Gruppe.
② Wie hast du dich als Hans bei den Worten von Werner, Fritz und Kurt jeweils gefühlt?
③ Warum wollte Hans am Anfang überhaupt nicht springen? Wodurch ist es ihm dann doch gelungen, den Graben erfolgreich zu überspringen? Wäre es ihm auch gelungen, wenn er auf Kurt oder Werner gehört hätte? Haben sich die beiden Hans gegenüber richtig verhalten? Wie sollten sie sich jetzt nach dem Erfolg Hans gegenüber verhalten? Auch andere Kinder in deinem Umfeld haben Erfolg oder Misserfolg. Denke darüber nach.
④ Zeichne eine Situation und schreibe als „Brücke" darüber, wie du dich gegenüber einem Kind verhältst, das keinen Erfolg hat. Handle danach.

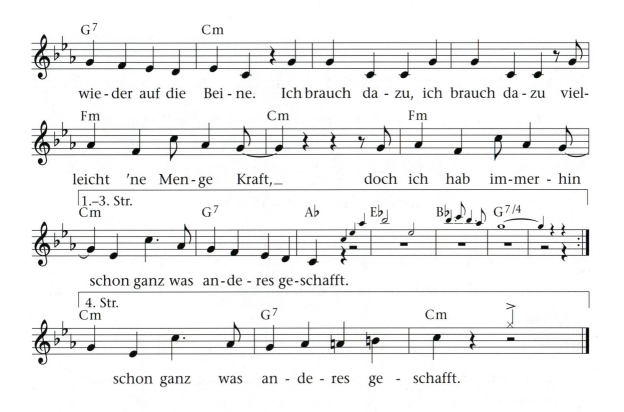

2. Als Maike in der Schule war, da ging's ihr ziemlich gut,
   nur wenn sie im Sport am Barren stand, verlor sie fast den Mut,
   besonders wenn die Klasse sah, wie sie sich dabei quält.
   Am liebsten wär sie abgehau'n und viel hat nicht gefehlt.
   Doch sie stand da und hat gedacht:
   Da muss ich durch, das wäre doch gelacht.
   Ich schaff das schon, ich schaff das schon,
   ich schaff das ganz alleine.
   Ich komm bestimmt, ich komm bestimmt
   auch wieder auf die Beine.
   Ich brauch dazu, ich brauch dazu
   vielleicht 'ne Menge Kraft,
   doch ich hab immerhin schon ganz
   was anderes geschafft.

Zueinander finden

Zueinander finden

Nachdenken über verschiedene Gemeinschaften

Wollt ihr eine schöne, ruhige Musik dazu hören?

✿ Zueinander finden ✿

Ich bin glücklich

Manchmal
darf ich länger aufbleiben
und im Fernsehen
den Krimi angucken.
Manchmal
bleibt der Kasten dunkel.
Und wir reden zusammen,
meine Eltern und ich.
Manchmal
schreibe ich eine Sechs
oder Fünf
in Mathematik.

„Junge, Junge!",
sagt mein Vater.
Und meine Mutter fragt:
„Was soll ich bloß machen?"
„Du?", sage ich. „Gar nichts!
Ich muss ja rechnen."
„Schlau bist du",
sagt meine Mutter
und lacht.
Und ich überlege,
ob ich mich anstrengen soll.
Beim nächsten Mal.
Vielleicht eine Vier schreiben,
oder Drei? Mal sehen!
Ich bin glücklich.

Lisa-Marie Blum

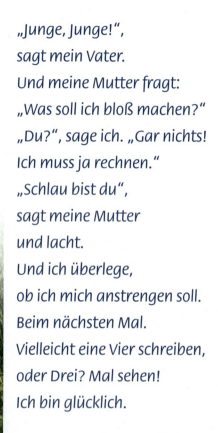

① Spielt auf Instrumenten vor, wie man sich fühlt, wenn man glücklich ist.
② Schreibt in der Gruppe auf „lachende Gesichter", warum das Kind glücklich ist. Sprecht über die Gründe.
③ Wäre das Kind auch glücklich, wenn es sich bei seinen Eltern nicht so geborgen und verstanden fühlen würde?
Auch das Kind sollte etwas dafür tun, dass seine Eltern glücklich sind. Denke darüber nach.
④ Wie kannst du deine Eltern glücklich machen? Probiere es aus.

Zueinander finden

If you're happy

1. If you're hap-py and you know it, clap your hands; if you're
Wenn du fröh-lich bist, dann klat-sche in die Hand. Wenn du

hap-py and you know it, clap your hands; if you're
fröh-lich bist, dann klat-sche in die Hand. Wenn du

hap-py and you know it and you real-ly want to show it, if you're
fröh-lich bist, dann klat-sche, wenn du fröh-lich bist, dann klat-sche, wenn du

hap-py and you know it, clap your hands!
fröh-lich bist, dann klat-sche in die Hand.

2. If you're happy and you know it,
slap your sides …
3. If you're happy and you know it,
stamp your feet …
4. If you're happy and you know it,
snap your finger …

5. If you're happy and you know it,
sniff your nose …
6. If you're happy and you know it,
shout: „We are!!"
7. If you're happy
and you know it, do it all …

2. Wenn du fröhlich bist, dann patsche auf dein Knie …
3. Wenn du fröhlich bist, dann stampfe mit dem Fuß …
4. Wenn du fröhlich bist, dann schnipse mit dem Finger …
5. Wenn du fröhlich bist, dann reibe deine Nase …
6. Wenn du fröhlich bist, dann rufe laut olé …
7. Wenn du fröhlich bist, dann mache alles mit …

Text und Musik aus USA/deutscher Text: Gerhard Schöne

Sophie bleibt stumm

Der erste Schultag ist da. Sophie ist neu in der Klasse, aber auch
Frau Nürnberger, die Klassenlehrerin. Sie stellt sich vor:
„Ich bin Frau Nürnberger, eure Klassenlehrerin in diesem Schuljahr.
Damit ich euch alle kennen lerne, sagt mir bitte der Reihe nach laut
und deutlich eure Namen."
Sie deutet auf den Buben vor Sophie.
„Ich heiße Dieter Müller."
„Ich heiße Karola Berg", sagt seine Nachbarin.
„Ich heiße Gerhard Brinkmann", sagt der Bub neben Sophie.
Und jetzt ist Sophie dran. Sie merkt, wie ihr Kopf knallrot wird.
Dabei hat sie sich vorgenommen, ihren Namen so zu sagen, als wäre
er der selbstverständlichste Name der Welt. Aber Sophie sagt nichts.
Sie presst nur die Lippen zusammen.
In der Klasse ist es plötzlich ganz still. So still, dass Sophie
sogar ihr Herz klopfen hört.
Frau Nürnberger schaut etwas verwundert zu Sophie
hinüber und sucht dann in der Namensliste …
gleich wird sie Sophie gefunden haben und ihren Namen
laut und deutlich sagen.

Sophie gibt sich einen Ruck. So, als ob sie der Lehrerin
doch noch zuvorkommen wollte, ruft sie: „Ungeheuer!"
Ein Ruck geht durch alle Bänke. Jeder schaut nun Sophie an.
Sie spürt das. Sehen kann sie es nicht, denn ihr Blick ist auf
das Pult gerichtet. Mit einem Mal fängt die ganze Klasse
schallend zu lachen an. Das hat Sophie kommen sehen.

Das geht ihr jedes Mal so, wenn sie ihren Namen sagen muss.
Sie schämt sich schrecklich.
Die Lehrerin macht wieder einen Blick in ihre Liste.
Jetzt schaut sie Sophie freundlich an.

5 „Da stehst du ja mit deinem ganzen Namen in meiner
Namensliste", sagt sie ganz ruhig.
Die Klasse hört zu lachen auf.
„Du bist also die Sophie Ungeheuer."
Genauso, wie die Lehrerin jetzt, hat Sophie auch ihren Namen
10 sagen wollen, so selbstverständlich, wie ein Name eben ist.
„Wahrscheinlich war dein Vorfahre, der als Erster den Namen
Ungeheuer getragen hat, jemand, der etwas ungeheuer gut
konnte, oder er war ein Held, der ein Ungeheuer besiegt hat",
sagt die Lehrerin – und jetzt lacht sie.
15 „Meine Vorfahren kamen bestimmt aus der Stadt Nürnberg.
Würde ich sonst Nürnberger heißen? Mal sehen, ob wir
raten können, woher die anderen Namen stammen.
Wie heißt der Nächste?"

Unbekannter Verfasser

① Spielt die Geschichte von Sophie in der neuen Klasse vor. Achtet dabei besonders
auf eure Körpersprache.

② Schreibe mit einem Partner in Gedankenblasen auf, was Sophie gedacht haben
könnte, als sie ihren Namen nennen sollte. Vergleicht die Gedanken.

③ Warum fiel es Sophie so schwer, ihren Namen zu nennen? War es richtig,
dass die Klasse schallend über ihren Namen gelacht hat? Hat die Lehrerin richtig
reagiert? Warum ist es für Sophie wichtig, dass sie in der neuen Klasse dazugehört?
Denke darüber nach, wie sich die anderen Kinder jetzt der „Neuen" gegenüber
verhalten sollten.

④ Spielt es vor.

⑤ Überlegt, warum es auch in anderen Gemeinschaften wichtig ist, dazuzugehören.

Wann Freunde wichtig sind

Freunde sind wichtig
zum Sandburgenbauen,
Freunde sind wichtig,
wenn andre dich hauen,
Freunde sind wichtig
zum Schneckenhaussuchen,
Freunde sind wichtig
zum Essen von Kuchen.

Vormittags, abends,
im Freien, im Zimmer …
Wann Freunde wichtig sind?
Eigentlich immer!

Georg Bydlinski

① Finde aus dem Gedicht heraus, wann Freunde wichtig sind. Schreibe es auf ausgeschnittene Herzen.
② Suche mit einem anderen Kind zusammen verschiedene Dinge, die du gerne mit einem Freund oder einer Freundin machst. Spielt sie vor.
③ Warum ist es „schön", diese Dinge zusammen mit einer Freundin oder einem Freund zu tun?
④ Überlege dir etwas „Schönes", das du heute nach der Schule mit deinem Freund oder deiner Freundin gemeinsam machen möchtest. Denke daran, dass es auch deiner Freundin oder deinem Freund Freude machen soll. Führt es aus.

☆ Zueinander finden ☆

Freunde bleiben

1. Spielt in zwei Gruppen das Gespräch zwischen Esra – Olga und Tom – Olga vor. Achtet auf den Gesichtsausdruck und die Körperhaltung der Kinder.
2. Olga hat wegen ihrer Freundin auf das verzichtet, was sie selbst gerne tun wollte. War diese Entscheidung richtig?
3. Frage deine Freundin oder deinen Freund einmal, was sie oder er gerne mit dir unternehmen würde. Führe es aus, auch wenn du etwas anderes lieber tun würdest.

✿ Zueinander finden ✿

Ein braves Kind

Muhsins Eltern wünschen sich …

① Spielt vor, wie sich die Eltern Muhsin wünschen.
② Schreibe mit einem Partner weitere Wünsche der Eltern an Muhsin auf Herzen aus Papier.
③ Muhsin hat seinen Freund zum Spielen eingeladen. Die kleine Schwester stört die beiden beim Spielen. Sollte er trotzdem den Wunsch der Eltern erfüllen und mit ihr spielen? Soll Muhsin immer alle Wünsche der Eltern erfüllen, auch wenn er keine Zeit oder keine Lust … hat?
④ Denke über einen besonderen Wunsch deiner Eltern an dich nach. Überlege, ob du ihn erfüllen solltest. Dann entscheide dich, wie du handelst.

✧ Zueinander finden ✧

Ein „guter" Freund

Muhsins Freunde wünschen sich …

① Spielt vor, was die Freunde von Muhsin erwarten.
② Darf oder soll Muhsin jeden dieser Wünsche erfüllen? Kennst du noch mehr Wünsche, die er nicht erfüllen darf oder soll? Wie sollte sich Muhsin seinem Freund und seiner Freundin gegenüber bei derartigen Wünschen verhalten?
③ Spielt es vor.
④ Wer hat noch Wünsche an dich?

✿ Zueinander finden ✿

Die Geschichte vom Hasen mit den großen Ohren

Einmal hatte ein kleiner Hase ganz riesengroße Ohren.

Die anderen Hasen haben ihn ausgelacht.

Sie haben gesagt:

„Du hast ja viel zu große Ohren! Das ist hässlich."

5 Und der kleine Hase war traurig.

Er hat gesagt:

„Ich wachse doch noch, und vielleicht wachsen

meine Ohren nicht mit. Dann sind sie nicht mehr zu groß."

Der kleine Hase ist auch wirklich noch gewachsen,

10 aber seine Ohren sind immer mitgewachsen!

Die anderen Hasen haben gesagt:

„Du bist immer noch ein hässlicher Große-Ohren-Hase!"

Und der Hase war noch trauriger, weil das Wachsen

nicht geholfen hatte. Aber er konnte mit seinen

15 großen Ohren viel besser hören als die anderen Hasen.

Er konnte die Käfer trapsen hören,

er konnte die Regenwürmer unten in der Erde

flüstern hören und er konnte

sogar eine Vogelfeder

fallen hören!

30

Einmal waren alle Hasen im Kleefeld und der Jäger ist
mit dem Hund gekommen. Der Jäger war noch weit weg,
aber der Hase mit den großen Ohren hat ihn doch schon gehört.
Er hat ganz schnell mit seinen großen Ohren gewackelt,
5 er hat sie wie ein Windrädchen immer um und um gedreht.
Das haben die anderen Hasen gesehen
und alle sind schnell in den Wald gesprungen.
Der Jäger hat sie nicht gefunden. Da haben die
anderen Hasen zum Große-Ohren-Hasen gesagt:
10 „Wie gut, dass du so große Ohren hast!
Sie sehen eigentlich auch gar nicht hässlich aus."
Da war der Hase mit den großen Ohren aber froh!

Ursula Wölfel

① Malt zwei Bilder mit Sprechblasen:
  ◎ Was sagen die Hasen am Anfang der Geschichte zum Hasen mit den
    großen Ohren? Wie sieht der Große-Ohren-Hase dabei aus?
  ◎ Was sagen sie am Ende der Geschichte? Wie sieht der Hase jetzt aus?
② Warum hat sich die Meinung der Hasen über die großen Ohren geändert?
  Hätten die Hasen auch ihre Meinung geändert, wenn der Hase mit den großen
  Ohren die anderen nicht vor dem Jäger gewarnt hätte? Hat der Hase richtig
  gehandelt, dass er trotz des Spottes geholfen hat? Auch du kannst bestimmt
  etwas besonders gut, das anderen helfen könnte. Denke darüber nach.
③ Unterstütze andere damit.

✿ Zueinander finden ✿

Geht einer auf den andern zu

Musik: Reinhard Horn
Text: Rolf Krenzer

Geht ei-ner auf den an-dern zu und lädt ihn zu sich ein,
wird kei-ner auf der gro-ßen Welt mehr ganz al-lei-ne sein!

Spielidee

„Geht einer auf den andern zu":
Ihr steht im Kreis und streckt beide Hände
zu einem Mitspieler oder einer Mitspielerin hin.

„und lädt ihn zu sich ein":
Ihr reicht euch beide Hände und drückt sie.

„wird keiner auf der großen Welt":
Ihr steht voreinander und zeigt mit
beiden Händen die ganze Welt.

„mehr ganz alleine sein":
Ihr schaut euch an und lacht euch zu.

Mein Leben

Das Kostbarste

Das Kostbarste kostet nichts

Äpfel, Birnen, Aprikosen,
Hemden, Kleider, Strümpfe, Hosen,
einen Farbstift und ein Buch,
einen Ball, ein buntes Tuch
und noch einen ganzen Haufen
kannst du dir für Geld wohl kaufen.

Doch es gibt auf dieser Welt
sehr viel Schönes ohne Geld:
Sternenhimmel, Sonnenstrahlen,
dafür brauchst du nichts zu zahlen.
Und dazu ist dir das Größte,
Schönste, Kostbarste und Beste
einfach als Geschenk gegeben.
Was das ist? Dein eignes Leben.

Helmut Zöpfl

① Spielt mit Spielgeld, was ihr euch alles aus dem Gedicht kaufen könnt.
  Was bekommst du nicht für Geld?
② Wie hast du dich gefühlt:
  ◎ beim Betrachten des Sternenhimmels in der Nacht,
  ◎ beim Spielen in den ersten Sonnenstrahlen des Sommers?
  Vergleicht eure Gefühle.
③ Gekaufte Sachen und das kostenlose Schöne (Sternenhimmel, Sonnenstrahlen)
  sind nicht das „Kostbarste", „Schönste" oder „Größte". Denke darüber nach.
  Warum ist es dein eigenes Leben?

✿ Mein Leben ✿

Wichtige Ereignisse in meinem Leben

① Betrachte die Bilder aus dem Leben von Niklas und beschreibe sie.
② Warum könnten dies ganz besondere Ereignisse für Niklas gewesen sein?
③ Welche Ereignisse waren für dich in deinem Leben ganz besonders wichtig? Denke darüber nach. Schau nach, ob du Fotos von diesen Ereignissen hast, und bringe sie mit.

✿ Mein Leben ✿

Spuren in meinem Leben

Ich bin zum ersten Mal alleine im Krankenhaus.

Ich habe meinen Mucki so lieb gehabt.

Heute habe ich zum ersten Mal eine Eins in Mathe.

Ich bin so traurig, dass du jetzt so weit wegziehst.

① Sprich mit einem Partner über die Bilder:
Welche „Spuren" kannst du im Leben von Viola feststellen?

② Was verraten sie dir über Violas Leben?
Warum sind es „Spuren" in ihrem Leben?

③ Male Bilder zu „Spuren" in deinem Leben und erzähle davon.

④ Einige eurer „Spuren" sind ähnlich, trotzdem ist jede „Spur" anders.
Denke darüber nach.

Mein Leben

Was ich mir für mein Leben erträume

① Die Bilder erzählen dir von den Träumen eines Kindes für sein späteres Leben. Beschreibe sie.
② Du träumst einen wunderschönen Traum, in dem du deine Zukunft siehst. Male ein Bild davon.
③ Vergleicht eure „Traum-Bilder".
④ Warum hat jedes Kind einen anderen „Traum" von seiner Zukunft? Ist es schön für dich, von deiner Zukunft zu träumen? Kann sich dein „Traum" von deiner Zukunft im Laufe der Zeit auch ändern? (Denke dabei an frühere Träume.)

37

✿ Mein Leben ✿

Unsere „Traumwolke"

Wenn ich erwachsen bin, möchte ich auf einem großen Pferd reiten.
◎ Elisabeth ◎

Es ist toll, eine große Familie zu haben. Ich möchte später heiraten und viele Kinder haben.
◎ Lukas ◎

Ich möchte später ein Fußballstar werden.
◎ Kemal ◎

Ich möchte so gerne eine berühmte Sängerin werden.
◎ Maria ◎

Träume

Mein größter Traum ist es, einmal Lehrerin zu werden.
◎ Yasemin ◎

Ich war vor kurzem mit meiner Klasse bei der Feuerwehr. Seitdem träume ich davon, Feuerwehrmann zu werden.
◎ Florian ◎

① Gestaltet mit euren „Träumen" gemeinsam eine „Traumwolke".

Lebenstraum: Glück

Patricia und Deniz fragen Menschen nach ihrem Traum vom Glück. Hier die Antworten:

Ich wäre glücklich, wenn mein Sohn eine gute Arbeitsstelle finden würde.

Wirklich glücklich wäre ich, wenn ich nicht mehr so viel allein wäre.

Ich träume davon, wieder laufen zu können. Dann wäre ich so glücklich.

Zu meinem Glück fehlt mir ein echter Freund.

① Erzähle, wovon die Menschen in Bezug auf ihr Lebensglück träumen.

② Befrage selbst Menschen in deiner Umgebung nach ihren Träumen vom Glück. Schreibe die Antworten in Glückskleeblätter und stelle sie vor.

③ Warum sehen diese Personen gerade hierin ihr Lebensglück? Warum hat jeder einen anderen Traum vom Glück? Sind diese Träume vom Glück wichtig für die Menschen? Können sich Träume vom Glück im Laufe des Lebens auch ändern? Aus welchen Gründen?

④ Was gehört für dich unbedingt zu einem sinnvollen und glücklichen Leben? Denke gründlich darüber nach. Sprich mit deiner Gruppe darüber und gestaltet gemeinsam ein schönes Plakat dazu.

Mein Leben

Oma Schmidt

Alle Kinder in der Straße nennen Frau Schmidt „Oma", obwohl sie mit keinem Kind verwandt ist. Der Grund dafür ist, dass Frau Schmidt Zeit für alle Kinder hat.
Sie hört sich an, was sie zu erzählen haben.

Kürzlich kam Susanne zu Oma Schmidt gelaufen. Außer Atem fing Susanne an zu erzählen: „Stell dir vor, der Jonas, der Jonas hat, hat, hat mich …"
Oma Schmidt unterbrach Susanne: „Nun mal ganz langsam und der Reihe nach."
Etwas ruhiger begann Susanne zu berichten: „Du kennst doch den Jonas. Er geht in die 4. Klasse. Er hat wunderschöne Augen und kennt sich ganz toll mit Computern aus. Er wohnt bei uns in der Nachbarschaft. Und Jonas, das finde ich ganz toll, hat mich zu seinem Geburtstag eingeladen. Als ich das meiner besten Freundin erzählt habe, war die ganz eifersüchtig!"
„Magst du Jonas?", fragte Oma Schmidt. Nach einigem Zögern nickte Susanne heftig und fügte hinzu: „Sag das aber bitte niemandem, auch nicht meinen Eltern."
Oma Schmidt strich Susanne über das Haar: „Mach dir deswegen keine Sorgen. Niemand wird etwas davon erfahren, dass du den Jonas gern hast. Auch ich war in einen Jungen verliebt, als ich in deinem Alter war. Meine Eltern durften natürlich nichts davon wissen. Damals war alles viel strenger als heute, aber …"

① Spielt das Gespräch zwischen Oma Schmidt und Susanne vor.
② Warum vertraut Susanne gerade Oma Schmidt ihr Geheimnis an?
Warum vertraut sie überhaupt jemandem ihr Geheimnis an? Ist es wichtig, sich jemandem anzuvertrauen, wenn man ein besonderes Geheimnis hat?
③ Hast du auch so ein Geheimnis, das du nur einer ganz bestimmten Person anvertrauen würdest? Vertraue es ihr an.

Das Leben ist stärker

Die Knospe im Herbst,
die ein neues Blatt birgt,
wenn das Laub welk vom Baum fällt,
scheinbar Leben erstirbt.

Der Grashalm, der sich
durch die Teerdecke zwängt,
die Pflanze, die nach
der Sonne sich drängt.

Die Kraft, die im kleinsten
Samenkorn steckt,
der Regen, der Dürres
zum Leben erweckt.

Die Sonne, die, wenn auch
von Wolken umhüllt,
mit Licht und Wärme
die Erde erfüllt.

Der Vogel, der singt,
wenn noch finster die Nacht,
weil er ahnt, dass schon bald
der Tag neu erwacht.

Der Schein einer Kerze,
der wärmt und erhellt,
den zu löschen vermag
kein Dunkel der Welt.

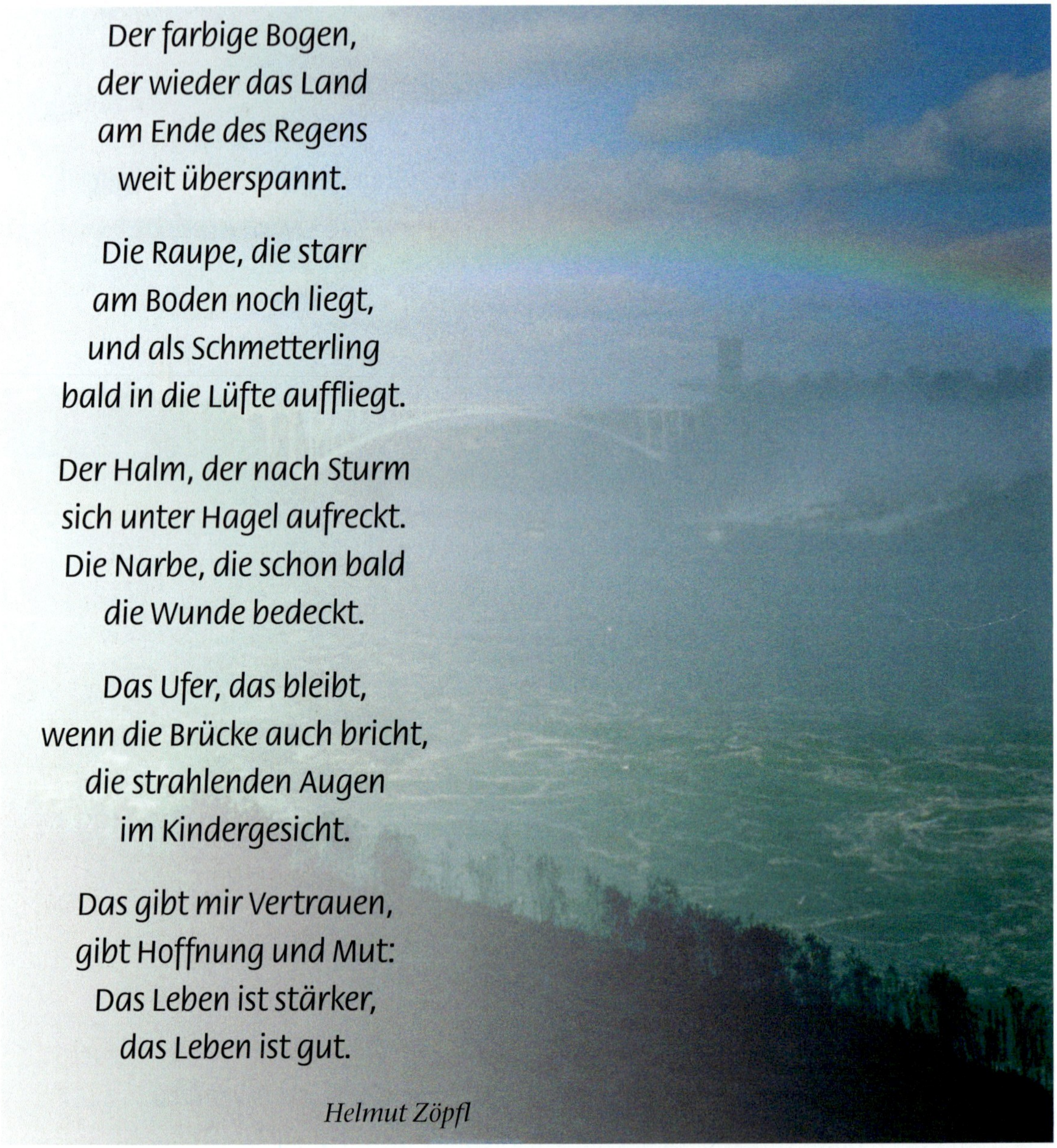

Mein Leben

Der farbige Bogen,
der wieder das Land
am Ende des Regens
weit überspannt.

Die Raupe, die starr
am Boden noch liegt,
und als Schmetterling
bald in die Lüfte auffliegt.

Der Halm, der nach Sturm
sich unter Hagel aufreckt.
Die Narbe, die schon bald
die Wunde bedeckt.

Das Ufer, das bleibt,
wenn die Brücke auch bricht,
die strahlenden Augen
im Kindergesicht.

Das gibt mir Vertrauen,
gibt Hoffnung und Mut:
Das Leben ist stärker,
das Leben ist gut.

Helmut Zöpfl

① Male ein Bild zu einer Situation aus dem Gedicht, in der du das Leben „gut" findest.
② Inwiefern ist das Leben in dieser Situation „stärker"? Und „stärker" als was ist es? Ist es für dich wichtig zu wissen, dass das Leben auch in schlimmen, schwierigen oder düsteren Situationen stärker ist? (Denke dabei an die letzte Strophe.)
③ Erinnere dich besonders daran, wenn du dich in einer schlimmen, schwierigen oder düsteren Situation befindest.

Lebensziele

Marie-Luise Marjan

Armen Kindern zu helfen.

Maria Ward

Mein Ziel ist es, dass auch Mädchen eine gute Schulausbildung erhalten.

Martin Luther King

Ich möchte, dass Schwarze und Weiße wie Brüder zusammenleben. Das ist mein Lebensziel.

José Carreras

Mein Lebensziel ist es, mich dafür einzusetzen, den Blutkrebs zu besiegen.

① Sucht nach weiteren Informationen zum Leben und zu den Lebenszielen dieser Personen in Büchern, in Lexika, im Internet … Berichtet dann darüber, was diese Menschen dafür tun oder getan haben, ihre Ziele zu verwirklichen.

② Welche Lebensziele haben sich diese Menschen gesetzt?

③ Warum sind oder waren diese Ziele für die Menschen oder für andere so wichtig? Ist oder war es ihnen wichtig, ihr Lebensziel zu verwirklichen? Warum ist es auch für dich wichtig, dir Ziele zu setzen und dich für ihre Verwirklichung einzusetzen?

④ Welches Ziel ist dir wichtig? Was kannst du in den nächsten Tagen, Wochen oder Monaten tun, um es zu erreichen? Handle danach.

Mein Leben

Spielen müssen

Tina hat Krach mit ihrem Bruder. Gleich nach dem Mittagessen hat es angefangen. Tina wollte lesen, Florian spielen. Kasperltheater. Mit der Tina. Wenn die doch aber lieber lesen wollte! „Spiel mit mir, sonst sag
5 ich's der Mama", hat der Florian gedroht und auffordernd mit dem Kasperl und der Gretel vor Tinas Nase herumgewedelt.

„Ich will lesen, lass mich in Ruh", hat die Tina gesagt und dem Florian einen Puff versetzt. Da hat der angefangen zu brüllen, aber auch
10 gleich so, dass die Mama ins Kinderzimmer gerannt kam.

„Die Tina spielt nicht mit mir", hat der Florian geheult und seinen Kopf an Mamas Bauch gepresst.
„Wenn ich doch lieber lesen mag!", hat die Tina gemault.
Die Mutter hat Florians Kopf gestreichelt, seine Nase geputzt
15 und dabei die Tina vorwurfsvoll angeschaut.

„Nun spiel halt mit ihm", hat sie gesagt, „schau, tu's halt mir zuliebe, ja? Du bist doch meine Große!" Und sie ist raus und hat die Kinderzimmertür hinter sich fest zugemacht.
Da hat die Tina gewusst, nun muss sie spielen, ob sie will
20 oder nicht. Sonst gibt's Ärger.
Tina seufzt tief und greift nach den Kasperlefiguren.

Gudrun Mebs

1. Wie kam es dazu, dass Tina mit ihrem kleinen Bruder spielen musste? Spiele es mit deiner Gruppe vor. Wie hast du dich als Tina dabei gefühlt?
2. Warum musste Tina etwas tun, das sie nicht wollte? Welche Gründe könnte ihre Mutter dafür haben, dass sie es von Tina verlangte? Hätte Tina doch besser tun sollen, was sie selbst wollte? Kennst du noch mehr Situationen, in denen Eltern von Kindern Dinge verlangen, die sie nicht tun wollen? Warum tun sie das?
3. Was verlangen deine Eltern von dir, das du überhaupt nicht magst? Kannst du es vielleicht einmal freiwillig tun?

Eine schwere Entscheidung für Daniel

① Ordne Daniels Gedanken in: – „Ich verrate Peter"   – „Ich verrate ihn nicht".
  Finde weitere Möglichkeiten und schreibe sie auf.
② Wie fühlt sich Daniel in diesem Moment?
③ Warum ist es für Daniel eine „schwere" Entscheidung? Was soll er deiner Meinung nach tun: den Freund verraten oder die Schuld auf sich nehmen?
④ Was solltest du immer tun, bevor du dich entscheidest?
⑤ Denke daran, wenn du vor einer Entscheidung stehst, und entscheide dich erst danach.

✿ Mein Leben ✿

Dankbar sein

*Dankbare Menschen sind wie fruchtbare Felder,
sie geben das Empfangene zehnfach zurück.*

August von Kotzebue

① Wem gegenüber und wofür empfinden die Kinder auf den Bildern Dankbarkeit?

② Wie könnten sie diesen Personen ihre Dankbarkeit zeigen? Spielt es vor.

③ Finde eine weitere Situation, in der ein Kind anderen Menschen gegenüber Dankbarkeit empfindet. Male ein Bild dazu.

④ Ist es für die Kinder selbst wichtig, für diese Dinge anderen gegenüber dankbar zu sein? Warum sollten sie ihre Dankbarkeit auch zeigen?

⑤ Wofür empfindest du einer bestimmten Person gegenüber Dankbarkeit? Zeige es ihr.

Gelebte Kultur

Gelebte Kultur

Höfliche Kinder

① Spiele die auf den Bildern dargestellten Situationen mit deiner Gruppe vor. Achte dabei auch auf deine Stimme.
② Sprecht über eure Gefühle dabei.
③ Wie verhalten sich jetzt wohl die anderen beteiligten Personen diesen Kindern gegenüber? Spielt es vor.
④ Warum ist es gut, höflich zu grüßen, sich zu entschuldigen, zu bitten, sich zu verabschieden?
⑤ Kennst du noch andere Situationen, in denen es wichtig ist, zu anderen Menschen höflich zu sein?
⑥ Halte dich daran.

Gelebte Kultur

Hey, hello, bonjour, guten Tag

mündlich überliefert

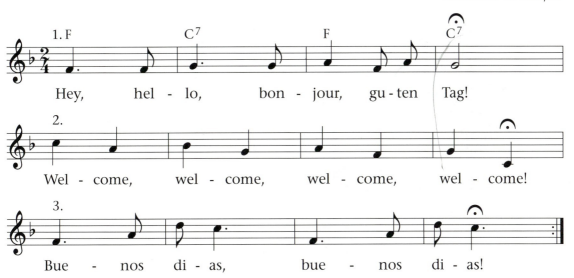

1. Hey, hello, bonjour, guten Tag!
2. Welcome, welcome, welcome, welcome!
3. Buenos dias, buenos dias!

Das Geheimnis von GrüBiDa-Land

GrüBiDa-Land ist wie jedes andere Land auf der Welt. Doch seine Bewohner haben ein Geheimnis, das die Großeltern den Eltern und diese wiederum den Kindern verraten. Dieses Geheimnis macht den Bewohnern von GrüBiDa-Land das Leben viel angenehmer als anderswo. Leute, die das Geheimnis nicht kennen, haben es schwerer. Und davon erzählt unsere Geschichte:

Herr Wiewald betritt in GrüBiDa-Land ein Geschäft, um sich einen Hut zu kaufen. „Kann man hier einen Hut kaufen?", fragt er eine Verkäuferin nach der anderen. Doch keine spricht mit ihm ein Wort. Die Leute im Laden schauen durch ihn hindurch, als wäre er unsichtbar. „Wir wünschen Ihnen einen schönen guten Tag!", steht mit großen Buchstaben über den Verkaufstischen. Aus lauter Langeweile, weil ihn niemand bedient, liest Herr Wiewald einfach laut vor sich hin: „… einen schönen guten Tag!"

„Einen schönen guten Tag wünschen wir Ihnen! Was darf es sein?", sagt plötzlich eine Verkäuferin und hat für Herrn Wiewald Zeit.

„Einen Hut möchte ich kaufen. Zeigen Sie mir einige Modelle!" Wie wenn er wieder Luft wäre, schaut die zunächst so freundliche Verkäuferin durch Herrn Wiewald hindurch. Was soll er nur machen? Ganz in seiner Nähe werden freundliche Kunden von freundlichen Verkäuferinnen bedient. Er hört doch genau, wie der Kunde neben ihm sagt: „Können Sie mir bitte einige Gürtel zeigen?" Und schon bringt die höfliche Frau ein Dutzend Gürtel.

„Bitte sehr!", schimpft Herr Wiewald und denkt sich dazu: „Wenn ich hier nicht bedient werde, dann gehe ich woanders hin. Das ist ja eine Unverschämtheit. Bodenlos!"

Und schon ist die Verkäuferin wieder da und sagt mit einem Lächeln: „Aber bitte sehr! Hier haben wir ein besonders schönes Modell. Wollen Sie den Hut probieren? Ich zeige Ihnen aber gerne noch andere Hüte."

Die freundliche Beratung gefällt Herrn Wiewald und stimmt ihn so fröhlich, dass er auch noch eine Krawatte kauft. Er zahlt und nimmt seine beiden Päckchen. Er dreht sich um und will gehen. O Schreck!!!

Gelebte Kultur

Er zieht seine Einkaufsrechnung aus der Tasche und will sein Geld zurück. Für nichts will er auch nichts bezahlen! Da liest er auf der Rechnung ganz unten:

„Wir bedanken uns ganz herzlich für Ihren Einkauf – Auf Wiedersehen!"
Nun wird Herrn Wiewald einiges klar!
„Vielen Dank für ihre freundliche Beratung!", sagt er zur Verkäuferin und hält plötzlich seine beiden Päckchen wieder in der Hand.

Gerade hatte Herr Wiewald die Päckchen noch in der Hand – jetzt sind sie verschwunden. Er steht mit leeren Händen da und versteht die Welt nicht mehr!?!!

Beim Verlassen des Geschäftes vergisst er auch nicht „Auf Wiedersehen" zu sagen. Und die anderen Kunden und Verkäuferinnen winken ihm nach.

Manfred Hahn

① Schreibt in verschiedenfarbige Sprechblasen, was Herr Wiewald und die Verkäuferin sagen
  ◎ beim Betreten des Geschäftes,
  ◎ beim Kauf des Hutes,
  ◎ beim Verlassen des Geschäftes.
② Spielt die Situationen mit einem Partner vor. Achtet besonders auf eure Stimme und euren Gesichtsausdruck.
③ Warum hat die Verkäuferin anfangs Herrn Wiewald nicht beachtet und war später sehr freundlich zu ihm? Wie heißt das Geheimnis von GrüBiDa-Land?
  Ist dies ein „gutes" Geheimnis?
④ Suche weitere Beispiele, bei denen du durch Grüßen, Bitten und Danken dir und anderen das Leben erleichtern kannst.
⑤ Wähle eines aus und achte in nächster Zeit ganz besonders darauf.

✿ Gelebte Kultur ✿

Schulbesuch in Frankreich

Jean-Luc erzählt:

„Ich bin neun Jahre alt und gehe in Frankreich in die Schule. Mit sechs Jahren kam ich in die Grundschule und bin jetzt in der 3. Klasse. Bei uns in Frankreich besuchen alle Kinder von der ersten bis zur sechsten Klasse die Grundschule. Der Unterricht beginnt am Morgen um 8.30 Uhr und endet am Nachmittag um 16.30 Uhr. Dazwischen haben wir von 10 Uhr bis 10.30 Uhr eine große Pause und eine Mittagspause von 11.30 Uhr bis 13.30 Uhr. In der Mittagspause können wir auch in der Schule bleiben und dort in der Schulkantine essen. Es ist immer ein Lehrer da, der uns in der Mittagspause beaufsichtigt, wenn wir in der Schule bleiben. Als Unterrichtsfächer haben wir Französisch, Mathematik, Sachkunde, Sport, Musik und Kunsterziehung. Ab der 3. Klasse können wir als Fremdsprache zwischen Deutsch und Englisch wählen. Ich lerne Deutsch. In meiner Klasse sind 24 Schüler."

① Findest du Frankreich auf der Karte?
② Vergleiche den Schulbesuch von Jean-Luc mit deinem. Was ist anders? Kannst du auch Gemeinsamkeiten feststellen? – Fertige eine Tabelle an.
③ Erkundige dich auch über den Besuch der Grundschule in anderen Ländern (Interview mit Mitschülern aus anderen Ländern, Internet …). Welche Gemeinsamkeiten/Unterschiede sind dir aufgefallen?
④ Findest du weitere andersartige Gewohnheiten (in der Schule/Familie/ im Freundeskreis …) in anderen Ländern heraus?
⑤ Warum müssen sich die Kinder an diese Gewohnheiten in ihren Ländern halten? Es ist wichtig, dass jedes Land seine eigenen Gewohnheiten hat. Denke darüber nach. Wie solltest du daher mit einem Kind aus einem anderen Land umgehen?
⑥ Zeige es ihm.

Gelebte Kultur

Wir spielen

Im Spiel lernen die Kinder, sich in der Welt durchzusetzen.
(Jean Piaget)

- Daumenzwicken
- Nerenchi
- Das Dirigentenspiel
- Till Eulenspiegel
- Heiteres Begrifferaten
- Ebbe und Flut
- Regina reginella
- Taia ya taia

Überall auf der Welt spielen die Kinder. Spiele gehören zum Leben.

1. Welches ist dein Lieblingsspiel? Gestaltet zusammen ein Plakat zu euren Lieblingsspielen.
2. Wählt ein Spiel aus und spielt es zusammen.
3. Sprecht über eure Erfahrungen und Gefühle beim Spielen.
4. „Im Spiel lernen die Kinder sich durchzusetzen." Denke darüber nach. Warum spielen überall auf der Welt die Kinder? Warum spielen sie besonders gerne mit anderen zusammen?
5. Wählt ein euch unbekanntes Spiel von oben aus, lasst es euch erklären und spielt es zusammen.

❊ Gelebte Kultur ❊

Dithwai

Dieses Spiel wird draußen gespielt. Es stammt von den Kindern in Lesotho, einem kleinen Land an der Südspitze Afrikas.
Bis zu acht Jungen und Mädchen können mitmachen. Jeder Spieler baut sich aus Sand einen Kral mit einer Seitenlänge von ungefähr 22 cm und einer Höhe von 3 cm.

Ein richtiger Kral ist übrigens ein Pferch (eingezäunte Fläche) in einem afrikanischen Dorf.

Jeder Spieler legt zehn Steine in seinen Kral, die Rinder darstellen sollen. Der erste schaut sich seine Steine genau an und sagt zu den anderen: „Ich prüfe mein Vieh."

✿ Gelebte Kultur ✿

Die anderen antworten: „Hast du es dir angesehen?"
Dann hält er sich die Augen zu und die anderen nehmen sich jeder einen Stein aus seinem Kral und legen ihn in ihren eigenen.

Der erste Spieler macht die Augen wieder auf und versucht seine Steine, die weggenommen wurden, wieder zu erkennen.
Schafft er es, bekommt er sie zurück, sonst hat er sie verloren.
Der nächste Spieler kommt an die Reihe.

Wer zuletzt die meisten Steine hat, ist Sieger.

① Finde heraus, wo Lesotho liegt.
② Spiele das Spiel zusammen mit anderen Kindern.
Sprecht anschließend über eure Gefühle und Erfahrungen beim Spielen.
③ Was war wichtig beim gemeinsamen Spielen?
Hättet ihr das Spiel auch ohne Regeln spielen können?
Das Spiel verrät dir viel über die Kinder aus Lesotho, die es dort gerne spielen.
④ Erkundigt euch nach Spielen, die Kinder in anderen Ländern spielen.
Spielt ein solches Spiel und überlegt, was es euch über die Kinder in diesem Land verrät.

55

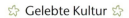 Gelebte Kultur

Religionen begegnen

Jerusalem, die heilige Stadt der Juden, der Christen und der Moslems

Laura und Frank beten zu Gott

Laura und Frank wenden sich im Gebet an Gott. Sie erzählen ihm, was sie bewegt. Im Gebet loben, bitten, danken sie Gott.

Das „Vaterunser" ist das wichtigste Gebet der Christen:

Vater unser im Himmel, geheiligt werde dein Name. Dein Reich komme. Dein Wille geschehe wie im Himmel so auch auf Erden. Unser tägliches Brot gib uns heute. Und vergib uns unsere Schuld, wie auch wir vergeben unsern Schuldigern. Und führe uns nicht in Versuchung, sondern erlöse uns von dem Bösen. Denn dein ist das Reich und die Kraft und die Herrlichkeit in Ewigkeit. Amen.

① Findest du im Vaterunser das an Gott gerichtete Loben, Bitten und Danken wieder? Woran hast du es jeweils erkannt?

② Kannst du dir denken, wofür die Christen Gott loben, bitten, danken? Warum wenden sie sich hierbei an Gott? Das Vaterunser ist das wichtigste Gebet der Christen. Denke darüber nach.

③ Wie ist das bei anderen Religionen?

Gelebte Kultur

Andrea im Gottesdienst

Jeden Sonntag und an kirchlichen Feiertagen besucht Andrea mit ihren Eltern den Gottesdienst in der Kirche. Dort versammeln sich viele Christen aus ihrer Kirchengemeinde, um gemeinsam zu beten, zu feiern und die Geschichten aus der Bibel zu hören.

① Finde heraus, warum Andrea an Sonntagen die Kirche besucht.
Erkundige dich bei deinen christlichen Mitschülerinnen und Mitschülern, wie sie den Gottesdienst in der Kirche feiern.

② Warum feiern die Christen gemeinsam Gottesdienst?

③ Wie ist das bei anderen Religionen? Erzähle davon.

④ Kannst du Gemeinsamkeiten beim Feiern des Gottesdienstes in verschiedenen Religionen erkennen? Was ist anders?

🌸 Gelebte Kultur 🌸

Wichtige religiöse Ereignisse im Leben von Christian

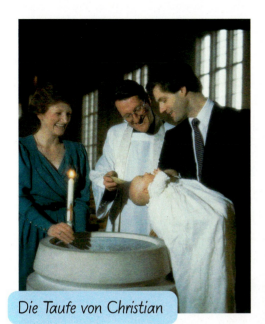

Die Taufe von Christian

Mit der Taufe wurde Christian als Baby in die Gemeinschaft der Christen aufgenommen. Der Pfarrer goss dabei am Taufbecken Wasser als Zeichen der Reinigung über seinen Kopf.

Christians Erstkommunion

Als katholisch getauftes Kind feierte Christian im dritten Schuljahr seine Erstkommunion. Zum ersten Mal erhielt er dabei vom Pfarrer ein Stück Brot – so wie Jesus es beim letzten gemeinsamen Essen seinen Jüngern gereicht hatte.

Die evangelisch getauften Kinder feiern, wenn sie älter sind, ein der Kommunion ähnliches Fest: die Konfirmation. Sie werden damit zu vollberechtigten Mitgliedern der Gemeinde und nehmen das erste Mal am Abendmahl teil.

① Findest du noch mehr über die Taufe und die Erstkommunion heraus? Wer waren Jesus und seine Jünger? Was bedeuten „Kommunion" und „Konfirmation"?
② „Wasser" und „Brot" sind für die Christen sehr wertvoll. Denke darüber nach.
③ Feiern andere Religionsgemeinschaften ähnliche Feste?

🌸 Gelebte Kultur 🌸

Kathrin und Alexander helfen ihren Mitmenschen

Am Dreikönigstag verkleidet sich Kathrin mit zwei anderen Kindern als „Heilige Drei Könige".
Sie gehen zusammen von Tür zu Tür, singen ihr Lied und sammeln Geld für arme Kinder in anderen Ländern. Danach schreiben sie ein Segenszeichen auf die Türrahmen oder Hauswände:

20+C+M+B+02

Alexander singt im Kinderchor seiner Kirchengemeinde.
Der Kinderchor tritt bei Altennachmittagen und bei Feiern der Kirchengemeinde auf, um den älteren Menschen und Mitchristen eine Freude zu bereiten.

① Finde heraus, wer die Heiligen Drei Könige waren. Kannst du noch mehr bei deinen Mitschülerinnen und Mitschülern über die „Sternsinger" erfahren? Für die Kinder in welchem Land waren die Einnahmen der letzten Sternsingeraktion bestimmt? Warum für diese?

② Berichte, wie Kathrin und Alexander sich für andere Menschen einsetzen.

③ Es ist für Christen sehr wichtig, sich für ihre Mitmenschen einzusetzen. Denke darüber nach.

④ Kennst du noch andere Aktionen, bei denen Christen für ihre Mitmenschen da sind? Wie ist das bei anderen Religionsgemeinschaften?

✿ Gelebte Kultur ✿

Die Bibel

Die Bibel ist das wichtigste Buch der Christen. Sie ist eigentlich eine Sammlung von vielen Büchern. Diese wurden über einen Zeitraum von ungefähr 1000 Jahren geschrieben. Die Bücher der Bibel bilden zwei große Teile:

Der erste Teil erzählt von Gott und dem Volk Israel. Man nennt ihn Altes Testament. Es wurde ursprünglich in hebräischer Sprache geschrieben.

Im zweiten Teil wird von Jesus Christus erzählt. Dieser Teil heißt Neues Testament. Es wurde damals in griechischer Sprache geschrieben.

① Kannst du noch mehr über die Entstehung der Bibel in Erfahrung bringen?

② Berichte über die zwei großen Teile der Bibel.

③ Warum wurden das Neue Testament und das Alte Testament in unterschiedlichen Sprachen geschrieben und haben verschiedene Namen? Die Bibel ist für die Christen das wichtigste Buch. Denke darüber nach.

④ Kennst du andere Bücher, die in anderen Religionsgemeinschaften sehr wichtig sind? Kannst du sie mitbringen und sie vorstellen?

Gott erschafft die Welt

Im Alten Testament wird erzählt, wie Gott die Welt erschaffen hat:

*„Am Anfang machte Gott den Himmel
und die Erde.*

*Zuerst war es auf der Erde
noch ganz leer.
Es war finster. Überall
war Wasser.*

*Da befahl Gott: „Licht soll aufstrahlen!"
Und es wurde hell.
Gott hatte seine Freude daran,
denn es war gut.
Er nannte das Licht „Tag"
und die Dunkelheit nannte er „Nacht".*

*Dann befahl Gott:
„Über der Erde soll sich
ein Dach wölben!
Von der Erde soll Wasser aufsteigen
und sich in den Wolken sammeln!"
So geschah es.
Und Gott nannte das Dach
„Himmel".*

*Dann befahl Gott:
„Das Wasser auf der Erde
soll sich sammeln,
damit das Land sichtbar wird!"
So geschah es.
Gott hatte Freude daran,
denn es war gut.
Er nannte das Land „Erde"
und das Wasser nannte er „Meer".*

*Dann befahl Gott:
„Die Erde soll grün werden;
Gras und Blumen und Bäume
sollen wachsen.
Sie sollen Samen und Früchte tragen!"
Da wuchsen aus der Erde grünes Gras
und bunte Blumen und hohe Bäume.
Gott hatte Freude daran,
denn es war gut.*

*Dann befahl Gott:
„Am Himmel sollen Lichter sein!"
Er machte die Sonne für den Tag
und für die Nacht machte er den Mond
und die Sterne.
Gott hatte Freude daran,
denn es war gut.*

Gelebte Kultur

*Dann befahl Gott:
„Im Wasser und in der Luft
soll sich Leben regen!"*
*Er machte die Fische und alles,
was im Wasser lebt.
Und er machte die Vögel,
große und kleine,
die über die Erde fliegen.
Gott hatte Freude daran,
denn es war gut.*

*Dann befahl Gott:
„Auf der Erde soll sich Leben regen!"
Er machte die vielen Tiere,
die auf dem Land leben:
Schafe und Schlangen und Löwen
und alle anderen Tiere.
Gott hatte Freude daran,
denn es war gut.
Er sagte zu den Landtieren,
zu den Vögeln und den Fischen:
„Vermehrt euch!
Breitet euch über die ganze Erde aus!"*

*Da sagte Gott:
„Jetzt will ich ein Wesen schaffen,
das mir ähnlich ist.
Ich will Menschen machen."
Und Gott schuf den Menschen
nach seinem Bild,
er schuf Mann und Frau.*

*Gott sagte zu den Menschen:
„Vermehrt euch
und breitet euch über die Erde aus!"*

① Suche in einer Bibel, wo diese Geschichte steht. Kannst du dir denken, warum sie an dieser Stelle in der Bibel steht?

② In welcher Reihenfolge hat Gott die Welt erschaffen?

③ Die Bibel spricht nur von *einem* Gott, der die Welt erschaffen hat. Denke darüber nach. Diese Geschichte von der Erschaffung der Welt steht so auch in der Tora, dem wichtigsten Buch der Juden. Was bedeutet das für den Glauben der Juden?

④ Kennst du noch mehr Religionen, die nur an einen Gott glauben, der die Welt erschaffen hat?

Von guten Mächten wunderbar geborgen

Musik: Siegfried Fietz
Text: Dietrich Bonhoeffer

Jesus und die Kinder

Im Neuen Testament wird über das Leben von Jesus und von seiner Botschaft für die Menschen erzählt, z. B. in der Geschichte von Jesus und den Kindern.

Viele Mütter und Väter hatten gehört, was Jesus über Gott erzählte. Sie hatten gesehen, wie er den Menschen half. Deshalb wollten sie ihre Kinder zu Jesus bringen. Er sollte ihnen die Hände auflegen und sie segnen. Aber als die Jünger sahen, wie die Eltern mit ihren Kindern kamen, sagten sie: „Jesus hat keine Zeit für euch!" Sie wollten die Kinder wieder wegschicken.

Als Jesus das sah, wurde er zornig. Er sagte zu den Jüngern: „Lasst doch die Kinder zu mir kommen. Schickt sie nicht weg! Wer so wie ein Kind zu seinem Vater im Himmel kommt, ist immer bei ihm willkommen."

Und Jesus nahm die Kinder in die Arme, legte ihnen die Hände auf und segnete sie.

Diese Geschichte wurde von dem Evangelisten Markus aufgeschrieben. Sie steht in der Bibel im 10. Kapitel des Markus-Evangeliums.

① Wie verhält sich Jesus, als seine Jünger die Kinder wegschicken wollen?
② Jesus sagt: „Wer so wie ein Kind zu seinem Vater im Himmel kommt, ist immer bei ihm willkommen." Denke darüber nach.
③ Kennst du eine ähnliche Aussage über Kinder auch bei anderen Religionen?

✿ Gelebte Kultur ✿

Itzhak betet zu Gott

Wenn Itzhak zu Gott betet, legt er seine Gebetsriemen an. Einen Riemen wickelt er vom rechten Oberarm bis zur Hand hinunter. Dabei muss die Kapsel an der Innenseite des Oberarms zum Herzen hin liegen. Den anderen Riemen legt er um den Kopf.
Die Kapsel muss hier auf der Stirn liegen.
Itzhak bedeckt sich mit seinem Gebetsmantel, der auf Hebräisch „Tallit" heißt.
Die meisten Juden bedecken ihren Kopf beim Gebet mit einem Käppchen, auch „Kippa" genannt.

☆ Gelebte Kultur ☆

In den beiden Kapseln liegen einmal vier Rollen und einmal eine. Auf ihnen stehen unter anderem die Worte:

„Höre, Israel, der Herr unser Gott ist einzig."

שְׁמַע יִשְׂרָאֵל יְהוָה אֱלֹהֵינוּ יְהוָה אֶחָד

und:

„Du sollst den Herrn, deinen Gott, lieben von ganzem Herzen, von ganzer Seele und mit allen deinen Kräften."

וְאָהַבְתָּ אֵת יְהוָה אֱלֹהֶיךָ בְּכָל לְבָבְךָ וּבְכָל נַפְשְׁךָ וּבְכָל מְאֹדֶךָ

Im Morgen- und Abendgebet sind diese Worte enthalten.

① Zeige und erkläre deinem Partner, wie Itzhak die Gebetsriemen anlegt.
② Kannst du dir denken, warum die beiden Kapseln zum Herzen hin und auf der Stirn angelegt werden müssen? Warum beginnen alle Tagesgebete der Juden mit diesen Worten?
③ Kennst du solche wichtigen Worte zu Gott auch bei anderen Religionen? Wie ist es bei diesen mit besonderer Kleidung beim Beten?

✿ Gelebte Kultur ✿

Familie Rabin feiert Sabbat

Benjamin erzählt:
„Jede Woche feiern wir ein Fest. Das ist der Sabbat. Er beginnt am Freitagabend und endet am Samstagabend.
Am Freitag kaufen wir gute Speisen, backen besonderes Brot, schmücken die Wohnung, baden uns und ziehen uns festlich an. Wir Kinder und die Mutter beginnen den Sabbatabend, wenn die Mutter die beiden Sabbatkerzen anzündet. Dazu spricht sie einen Segen.
Unser Vater beginnt den Sabbat in der Synagoge.
Dann kommt er schnell nach Hause. Wenn er die Wohnung betritt, wünscht er uns allen Frieden und dankt der Mutter für die Vorbereitung des Festes.
Wir beginnen das gemeinsame Essen, indem der Vater einen Segen über den Wein spricht und den Becher herumreicht. Alle, auch die Kinder, trinken einen kleinen Schluck daraus. Dann essen wir gemeinsam.
Am Samstag geht mein Bruder Simon mit meinem Vater in den Synagogen-Gottesdienst. Danach gehen wir meistens mit der ganzen Familie spazieren.
Am Sabbat dürfen wir nicht arbeiten.
Wenn die ersten Sterne aufgehen, verabschieden wir den Sabbat. Dann essen wir gemeinsam Abendbrot."

① Kannst du in Erfahrung bringen, wie ein Gottesdienst am Sabbat in der Synagoge abläuft? Was bedeutet Sabbat?
② Berichte, wie Familie Rabin den Sabbat verbringt. Betrachte den Sabbattisch. Was fällt dir auf?
③ Warum bereiten die Juden bereits am Freitag alles für das Fest vor? Der Sabbat ist für die Juden sehr wichtig. Denke darüber nach.
④ Kennst du solche Tage, an denen die Menschen nicht arbeiten dürfen, auch in anderen Religionen? Vergleiche sie mit dem Sabbat.

Gelebte Kultur

Die Synagoge

Anne, eine Christin, möchte gerne über die jüdische Synagoge etwas wissen. Deshalb fragt sie ihren jüdischen Mitschüler Schimon:

Anne: *Was ist eigentlich eine Synagoge?*

Schimon: Eine Synagoge ist ein Gebäude, in dem sich die Juden versammeln, um gemeinsam Gottesdienst zu feiern und gemeinsam zu Gott zu beten. Die Synagoge ist also das Haus Gottes.

Anne: *Da ist eure Synagoge ja so etwas wie unsere Kirche!*

Schimon: Nein, nicht ganz. Die Synagoge ist nicht nur ein Haus des gemeinsamen Gebets und Gottesdienstes, sondern auch Versammlungshaus der Juden. In ihr werden zum Beispiel die Kinder aus der jüdischen Gemeinde im jüdischen Glauben unterrichtet. Die Erwachsenen führen in der Synagoge Gespräche und Diskussionen über die Texte aus der Tora, dem wichtigsten Buch der Juden, …

Anne: *Verhalten sich die Gläubigen in der Synagoge dann auch anders als in der Kirche?*

Schimon: Ja. Die Juden können sich in der Synagoge auch ganz normal miteinander unterhalten, wenn nicht gerade Gottesdienst ist. Synagogen-Besucher sprechen auch dann miteinander, wenn andere murmelnd in ihr Gebet versunken sind oder der Rabbi still für sich liest.

Anne: *Kannst du mir einmal eure Synagoge zeigen, Schimon?*

Schimon: Ja. Ich habe sogar ein Bild von ihr. Du kannst gerne auch einmal mit mir in die Synagoge gehen und sie dir genau ansehen.

Anne: *Vielen Dank, Schimon. Das würde ich sehr gerne machen.*

① Kennst du eine Synagoge in der Nähe deines Heimatortes? Hast du sie schon einmal besucht? Wenn ja, erzähle davon.

② Wie sieht eine Synagoge von innen aus. Das Bild kann dir dabei helfen.

③ Die Synagoge ist das Haus Gottes. Erkläre, warum.
Synagoge und Kirche haben Gemeinsamkeiten und Unterschiede. Denke darüber nach.

④ Welche Gemeinsamkeiten und Unterschiede kannst du zu Gebetshäusern anderer Religionen feststellen?

✿ Gelebte Kultur ✿

Die Tora

Die Tora ist das wichtigste Buch der Juden. Der Text der Tora ist in hebräischer Schrift geschrieben. Er besteht aus den fünf Büchern Mose. Diese wurden auch in das Alte Testament der christlichen Bibel aufgenommen.

Die Tora wird in der Synagoge als Pergamentrolle im Toraschrein aufbewahrt.
Der Toraschrein befindet sich an der Ostwand der Synagoge, die nach Jerusalem gerichtet ist.
Vor dem Toraschrein brennt das ewige Licht.

① Findest du noch mehr über Moses und die fünf Bücher heraus? (Lexika, Bibel, Internet …)
② Berichte, was die Tora ist und wo sie aufbewahrt wird. Wo steht der Schrein?
③ Die Tora wird in einem kostbaren Schrein aufbewahrt. Dieser muss nach Jerusalem gerichtet sein. Kannst du dir denken, warum?
Die Tora ist für die Juden das wichtigste Buch. Denke darüber nach.
④ Kannst du Gemeinsamkeiten und Unterschiede bei der Tora und der Bibel feststellen? Wie ist das bei den wichtigsten Büchern anderer Religionen?

Die Juden werden in Ägypten unterdrückt

In der Tora wird erzählt, wie die Juden, die vor vielen Jahren nach Ägypten ausgewandert waren, dort unterdrückt wurden:

In Ägypten kam ein neuer Pharao an die Macht. Er befürchtete, dass das Volk der Juden größer und mächtiger werden könnte als das Volk der Ägypter.

Deshalb setzte er Aufseher über die Juden ein, die diese durch schwere Arbeit unterdrücken sollten. Je mehr die Juden aber unterdrückt wurden, desto stärker vermehrten und breiteten sie sich in Ägypten aus. Daher machten die Ägypter sie zu Sklaven: Sie mussten sehr hart arbeiten und waren ganz ohne Bürgerrechte. Schließlich gab der Pharao sogar dem ägyptischen Volk den Befehl, alle neugeborenen Buben der Juden in den Nil zu werfen und damit zu töten.

① Findest du Genaueres über Ägypten, den Nil, den Pharao, Sklaven und Bürgerrechte heraus?

② Wie verhielten sich die Ägypter den Juden gegenüber? Welche Gründe hatten sie für ihr Verhalten?

③ Die Juden mussten für die Ägypter sehr schwer arbeiten und hatten im Vergleich zu ihnen keine Rechte. Denke darüber nach.

④ Findest du diese Geschichte aus der Tora auch im Alten Testament der Bibel wieder?

Gelebte Kultur

Gott rettet die Juden

In der Tora wird weitererzählt:

Die Juden klagten laut zu Gott. Gott sah ihr Elend, hörte ihre Klagen und wollte sein Volk aus Ägypten herausführen. Er wählte den Juden Moses dazu aus, der Anführer beim Auszug aus Ägypten zu sein. Moses und die Juden zogen weg aus Ägypten, am Rand der Wüste entlang. Als der Pharao von der Flucht der Juden erfuhr, jagte er ihnen mit sechshundert Streitwagen und drei Männern auf jedem Wagen nach.

Die Juden, die gerade am Roten Meer lagerten, sahen die Ägypter näher kommen, erschraken sehr und schrien zu Gott. Gott aber forderte Moses auf, seinen Stab hochzuheben und seine Hand über das Meer auszustrecken. Moses tat, wie Gott es von ihm verlangt hatte: Ein starker Ostwind ließ das Meer austrocknen, das Wasser spaltete sich und die Juden zogen auf trockenem Boden ins Meer hinein.

Alle Streitwagen und Reiter der Ägypter setzten hinter ihnen her ins Meer hinein. Gott aber sorgte dafür, dass die Ägypter nur sehr langsam vorankamen.

Als die Juden am anderen Ufer angekommen waren, streckte Moses auf Befehl Gottes wieder seine Hand aus: Das Wasser flutete zurück und bedeckte alle ägyptischen Wagen und Reiter. Nicht ein Einziger überlebte. So rettete Gott an jenem Tag die Juden aus der Hand der Ägypter.

① Findest du den Weg der Juden bei ihrem Auszug aus Ägypten auf der Karte?
② Berichte, wie Gott die Juden aus der Hand der Ägypter gerettet hat. Wie stellen sich die Juden anhand dieser Geschichte aus der Tora ihren Gott vor?
③ Für die Juden ist diese Vorstellung von Gott sehr wichtig. Denke darüber nach.
④ Haben die Mitglieder einer anderen Religion eine ähnliche Vorstellung von ihrem Gott? Kannst du Stellen aus deren wichtigstem Buch finden, die deine Aussage belegen?

Unsere schöne Welt

✿ Unsere schöne Welt ✿

Feuer

① Hast du selbst diese Situationen mit Feuer schon einmal erlebt? Erzähle davon.
② Betrachte eine brennende Kerze genau. Was stellst du fest? Was fühlst du?
③ Was findest du schön am Feuer? Was wäre, wenn es kein Feuer gäbe?
④ Gestaltet in der Gruppe gemeinsam ein Bild zur Nützlichkeit oder zur Schönheit des Feuers.

Unsere schöne Welt

Wasser

1. Schau dir die Bilder an und erinnere dich an ein ähnlich schönes Erlebnis. Erzähle davon.
2. Schau dir Wasser (z. B. in einer Schüssel) genau an. Fühle, rieche, schmecke es. Kannst du es auch hören?
3. Was machst du besonders gerne mit Wasser? Wasser ist kostbar, überlege warum. Du solltest achtsam damit umgehen.
4. Wie kannst du dies tun? Führe es aus.
5. Füllt Wasser aus der Wasserleitung, einem Bach, einer Pfütze, dem Meer … in Gläser und macht damit eine Ausstellung in eurem Gruppenraum.

✧ Unsere schöne Welt ✧

Erde

① Male ein Bild zu einem besonderen Erlebnis mit Erde, an das du dich gerne erinnerst.
② Sammelt verschiedene Bestandteile der Erde (Sand, Kies, Steine …).
Betrachtet und befühlt sie, riecht an ihnen.
③ Gestaltet eine „Erde-Landschaft" damit.
④ Macht eine Schreibmeditation zu der Frage: Warum ist es schön, dass es die Erde gibt?

✿ Unsere schöne Welt ✿

Luft

① Was würdest du mit Luft gerne erleben? Spiele es vor.
② Atme die Luft im Raum und die Luft im Freien tief ein.
Vergleiche sie miteinander.
③ Warum ist reine und saubere Luft lebenswichtig?
④ Wodurch kannst du selbst dazu beitragen, dass die Luft sauber und rein bleibt?
Führe es aus.

✿ Unsere schöne Welt ✿

Pflanzen

Löwenzahn

Seerosen

Lavendel

Apfelbaum

① Erfindet in eurer Gruppe eine fantasievolle Geschichte zu einer dieser Pflanzen. Erzählt sie den anderen zu einer passenden Musik.

② Malt den Lebenslauf dieser Pflanze.

③ Bringt Bilder, Fotos, Texte … zu Pflanzen mit, die euch besonders gut gefallen.

④ Warum ist es gut, dass es so viele verschiedene Pflanzen gibt? Hat auch der Löwenzahn, das Unkraut oder jede andere Pflanze ein Recht zu leben?

⑤ Wie solltest du dich den Pflanzen gegenüber verhalten? Achte darauf.

Tiere

Hase

Regenwurm

Korallenfisch

Tagpfauenauge

① Spielt vor, wie sich die Tiere fortbewegen.
② Hattest du ein besonderes Erlebnis mit einem dieser Tiere? Möchtest du davon erzählen?
③ Geht in die Natur (Wiese, Wald, Bach …) und betrachtet dort die Tiere. Achtet auf ihre Farben, Formen, Größe, Aussehen, Fortbewegung … und vergleicht diese.
④ Ist es schön, dass es so viele unterschiedliche Tiere gibt? Haben der Wurm, die Spinne oder jedes andere Tier ein Recht auf Leben?
⑤ Wie solltest du mit den Tieren umgehen? Halte dich daran.
⑥ Gestalte ein schönes Plakat mit einem Partner oder mit deiner Gruppe.

✿ Unsere schöne Welt ✿

Wunder Mensch

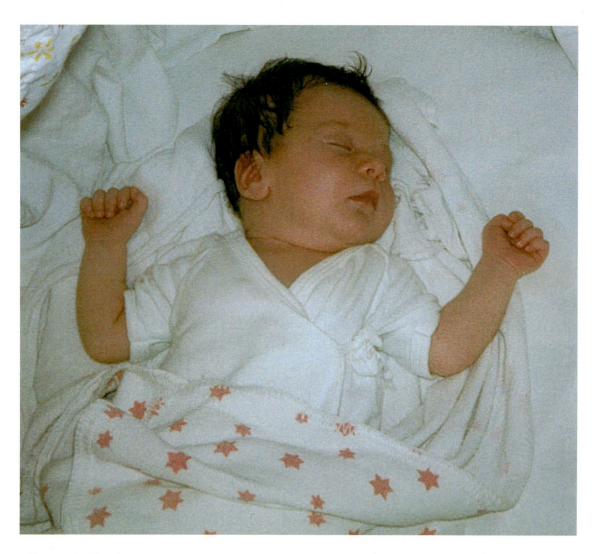

① Du warst auch einmal so klein und jetzt kannst du schon so viel.
Betrachte das Bild und sprich über das „Wunder" Mensch.
② Spielt in eurer Gruppe den Menschen in seinen verschiedenen Lebensabschnitten (Größe, Fortbewegung, Körperhaltung …).
③ Welche Aufgaben hat er in den einzelnen Lebensabschnitten? Warum hat er diese Aufgaben? Ist das bei allen Menschen gleich?
Es gibt viele Gemeinsamkeiten und trotzdem ist jeder Mensch auf dieser Welt anders. Wie findest du das?
④ Bringt Fotos, Bilder, Texte … zu den vielen verschiedenen Menschen auf dieser Welt mit und stellt sie aus.

Das große Wunder

Wie groß ist das Wunder, dass etwas lebt, etwas ist,

dass Blut durch unsre Adern fließt,

dass wir uns bewegen, atmen und gehn,

dass wir fühlen, erkennen, hören und sehn.

Dass Leben um uns ist, wohin wir auch schaun:

die Blumen und Gräser, der Strauch und der Baum,

der Vogel im Flug, die Tiere im Feld,

die Fische im Wasser, erfüllt ist die Welt

von Vielfalt des Lebens, groß oder klein.

Wie groß ist das Wunder von Werden und Sein.

Helmut Zöpfl

Für und gegen
die Bekämpfung des Kartoffelkäfers

Der Kartoffelkäfer schadet den Pflanzen.
Der Bauer versprüht auf seinem Acker ein Spritzmittel, das den Kartoffelkäfer tötet.

① Versucht noch mehr Informationen über den Kartoffelkäfer, seine Schädigungen und seine Bekämpfung zu erhalten (Internet, Sachbücher, Lexika …).

② Überlegt euch Gründe für und gegen die Bekämpfung des Kartoffelkäfers. Schreibt sie auf zwei Plakate.

③ Das Spritzmittel schadet nicht nur dem Kartoffelkäfer. Aber ohne seine Bekämpfung gäbe es weniger Pflanzen auf dem Acker. Darf der Bauer den Kartoffelkäfer töten?

④ Kennst du noch andere Tiere, die wichtigen Pflanzen schaden?
Wie geht der Mensch mit ihnen um? Darf er das?

Für und gegen Versuche an Ratten

Versuche an Ratten werden von Menschen in Labors gemacht, um neue Arzneimittel und Kosmetika auszuprobieren. Mit den Tierversuchen wollen die Menschen auch die Erreger bestimmter Infektionskrankheiten herausfinden, um kranken Menschen helfen zu können. Die lebenden Ratten erleiden bei den Versuchen Schmerzen und gesundheitliche Schäden.

① Informiert euch noch weiter über Tierversuche an Ratten (Internet, Sachbücher …). Was sagt das Tierschutzgesetz?

② Notiert euch Gründe für und gegen diese Versuche.

③ Durch die Versuche an Ratten kann vielen kranken Menschen geholfen werden. Aber darf der Mensch den Ratten mit Krankheitserregern Schmerzen, Leiden und gesundheitliche Schäden zufügen?

④ Kennst du noch andere Tiere, an denen der Mensch derartige Versuche durchführt? Sollte oder darf er das tun?

Wir sind Teil der Erde

Ausschnitte aus der Rede des Häuptlings Seattle
vom Stamm der Duwamish
an den Präsidenten der Vereinigten Staaten
von Amerika im Jahr 1855

Wir sind ein Teil der Erde und sie ist ein Teil von uns.
Die duftenden Blumen sind unsere Schwestern,
die Rehe, das Pferd, der große Adler – sind unsere Brüder.
Die felsigen Höhen, die saftigen Wiesen,
die Körperwärme des Ponys – und des Menschen –
sie alle gehören zur gleichen Familie.

Der Indianer mag das sanfte Geräusch des Windes,
der über eine Teichfläche streicht –
und den Geruch des Windes, gereinigt vom Mittagsregen
oder schwer vom Duft der Kiefern.
Die Luft ist kostbar für den roten Mann –
denn alle Dinge teilen denselben Atem,
das Tier, der Baum, der Mensch – sie alle teilen denselben Atem.
Der weiße Mann scheint die Luft, die er atmet,
nicht zu bemerken;
wie ein Mann, der seit vielen Tagen stirbt,
ist er abgestumpft gegen den Gestank.

Lehrt eure Kinder, was wir unsere Kinder lehren:
Die Erde ist unsere Mutter.
Was die Erde befällt, befällt auch die Söhne der Erde.
Wenn Menschen auf die Erde spucken,
bespeien sie sich selbst.

Denn das wissen wir, die Erde gehört
nicht den Menschen,
der Mensch gehört zur Erde – das wissen wir.
…

🌿 Unsere schöne Welt 🌿

*Der Mensch schuf nicht das Gewebe des Lebens,
er ist darin nur eine Faser.
Was immer ihr dem Gewebe antut,
das tut ihr euch selber an.
…*

*Gott gab euch Herrschaft über die Tiere,
die Wälder und den roten Mann
aus einem besonderen Grund –
doch dieser Grund ist uns ein Rätsel.
Vielleicht könnten wir es verstehen,
wenn wir wüssten, wovon der weiße Mann träumt –
welche Hoffnungen er seinen Kindern
an langen Winterabenden schildert.
…*

*Aber wir sind Wilde – die Träume
des weißen Mannes sind uns verborgen.
Und weil sie uns verborgen sind,
werden wir unsere eigenen Wege gehen.
Das ist nicht viel, was uns verbindet.*

① Gestaltet mit eurer Gruppe eine Collage zu unserer schönen Erde (Bilder aus Illustrierten, Zeitschriften …).

② Schreibt auf Karten mit verschiedenen Farben:
  ◉ Was denkt der Indianer über die Menschen, Tiere, Pflanzen, den Wind und die Luft auf der Erde?
  ◉ Wie verhält sich der weiße Mann der Luft gegenüber?

③ Finde heraus, was der Häuptling mit der Herrschaft des weißen Mannes über die Tiere, die Wälder und den roten Mann meint.

④ „Die Erde ist unsere Mutter … Wenn die Menschen auf die Erde spucken, bespeien sie sich selbst." Denke darüber nach. Was bedeutet das für den Umgang des Menschen mit den Pflanzen, den Tieren und der Luft? Ist die Aussage des Indianerhäuptlings vor langer Zeit für die Menschen heute auch noch wichtig?

✤ Unsere schöne Welt ✤

Viele kleine Leute

Musik: Detlev Jöcker
Text: Afrikanisches Sprichwort

Viele kleine Leute an vielen kleinen Orten, die viele kleine Schritte tun, können das Gesicht der Welt verändern.

① Was meint das Kind mit „selbst etwas tun"? Denke an die Pflanzen, Tiere, Luft, Wasser … Warum ist es wichtig, dass du selbst etwas für unsere schöne Welt tust?

② Was meinst du zu der Aussage: „Aber ich allein kann doch überhaupt nichts dafür tun, dass die Erde schön bleibt."

Konflikte

Konflikte

Der Gruselfilm

① Spiele die Geschichte mit deiner Gruppe vor. Achtet dabei besonders auf eure Körpersprache (Gesichtsausdruck, Körperhaltung) und eure Stimme.

② Sprecht über eure Gefühle vor und nach dem Gruselfilm und am Ende der Mutter gegenüber.

③ Warum haben sich die Gefühle der Kinder verändert? Warum fürchten sie sich? Wer ist schuld, dass die Kinder Angst haben und nicht einschlafen können? Welche Folgen könnte das Missachten des Verbots für die Kinder und für das Zusammenleben in der Familie haben?

④ Wie hätten die beiden sich richtig verhalten? Denke darüber nach und male dann das vierte und fünfte Bild neu.

Konflikte

Die Wahrheit sagen

① Malt fröhliche und traurige Gesichter (☺ ☹) zu dem, was Murat sagt und was er denkt.

② Vergleicht die Gesichter zu Murats Worten und Gedanken miteinander.

③ Wie fühlt sich Paul beim Gespräch zwischen Murat und Daniela? Kannst du es auf dem Xylophon darstellen?

④ Warum kann es jetzt zwischen Murat und Paul zu Schwierigkeiten kommen?
Ist es wichtig, seine Meinung ehrlich zu sagen?
Aber vielleicht wollte Murat seinem Freund nicht wehtun?
Wie hätte sich Murat Paul gegenüber verhalten sollen, als dieser ihn nach seiner Meinung fragte?

⑤ Spiele es mit deinem Nachbarn vor.

Ich bin so gemein gewesen

Ich heiße Anne. Ich sitze in der Schule neben Carola.
Früher war sie meine Freundin.
Wir haben uns fast jeden Nachmittag getroffen, bei ihr zu Hause oder bei mir.
Am liebsten haben wir Theater gespielt.
5   Wir hatten einen großen Karton mit Kram zum Verkleiden und manchmal waren
unsere Mütter zum Zugucken da.
Aber das ist jetzt alles vorbei, bloß wegen der blöden Brille.
Und weil ich so gemein war.
Die Brille hat Carola vor zwei Wochen bekommen.
10 Sie wollte sie nicht aufsetzen.
Sie hat geweint und ich habe gesagt, dass sie sich nicht so anstellen soll.
„So viele Menschen tragen eine Brille", habe ich gesagt.
„Das ist doch wirklich nichts Besonderes."
Aber als Carola mit der Brille in die Schule kam, hat Udo Hoffmann gerufen:

15 Dieser eklige Kerl!
Carola hat gleich wieder geheult
und seitdem war sie in der Schule ganz anders
als früher. Sie redete kaum noch. Sie hat sich auch nicht mehr gemeldet.
Sie saß da und guckte auf den Tisch, sonst nichts.
20 Nur nachmittags beim Theaterspielen war sie manchmal so lustig wie früher.
Bis zum vorigen Dienstag.

Am Dienstag wollten wir bei mir zu Hause „Die Prinzessin und
der Schweinehirt" spielen.
Ich hatte ein altes Nachthemd von meiner Mutter bekommen, oben und an
25 den Ärmeln mit Spitzen.

„Das ziehe ich als Prinzessin an", sagte ich.

„Nein, ich", sagte Carola. „Du warst schon so oft Prinzessin."

„Nicht öfter als du", sagte ich und plötzlich wurde Carola wütend.

Das war noch nicht passiert.

5 „Du willst immer Recht haben", schrie sie mich an.

Da fing ich auch an zu schreien.

„Das Nachthemd gehört mir!", schrie ich.

Ich weiß noch, was für einen Schreck ich bekam,
10 als mir das Wort herausrutschte.

Am liebsten hätte ich es gleich zurückgeholt. Aber gesagt ist gesagt.

Carola starrte mich an. Sie war ganz still. Sie nahm ihre Sachen und ging.

Nun redet sie nicht mehr mit mir. Sie guckt an mir vorbei, als ob ich nicht da bin.

Wenn ich mit Carola reden will, dreht sie sich um und geht.

Irina Korschunow

1. Spielt die Begegnung Carolas mit Udo und Annes Streit mit Carola vor. Sprecht über Carolas Gefühle dabei.
2. Warum redet Carola jetzt nicht mehr mit Anne? Hat sich Anne Carola gegenüber richtig verhalten? Hätte Carola nicht so empfindlich sein dürfen? Wie hätten beide die Schwierigkeiten miteinander vermeiden können?
3. Schreibe das Gespräch zwischen Anne und Carola an dieser Stelle neu.

✿ Konflikte ✿

Die beiden Ziegen

Zwei Ziegen begegneten sich
auf einem schmalen Steg.
Die eine wollte herüber,
die andere hinüber.
„Geh mir aus dem Weg!", sagte die eine.
„Was fällt dir ein?", rief die andere.
„Ich war zuerst auf der Brücke.
Geh du zurück und lass mich hinüber!"
„Das sagst du zu mir?",
versetzte die Erste.
„Ich bin so viel älter als du
und sollte dir weichen?
Nimmermehr!"
Keine von beiden wollte nachgeben
und so kam es vom Zank zum Streit.
Sie hielten ihre Hörner gegeneinander.
Von dem heftigen Stoße
verloren beide das Gleichgewicht.
Sie stürzten miteinander
in den reißenden Bach,
aus dem sie sich nur mit großer Mühe
ans Ufer retteten.

Albert Ludwig Grimm

① Schreibt in Sprechblasen, was die Ziegen zueinander sagen.
② Spiele mit einem Partner die Begegnung mit der entsprechenden Körperhaltung und Betonung vor.
③ Wie habt ihr euch während der Begegnung jeweils gefühlt? Denke daran, dass der Zank zum Streit wurde.
④ Warum kam es zum Streit? War es gut, diese Wörter zu gebrauchen und diese Körperhaltung einzunehmen? Musste dadurch der Streit so enden? Wie hätten die beiden sich anders verhalten sollen?
⑤ Schreibt neue Sprechblasen dazu und spielt eure Begegnung vor.

Konflikte

Streit

Musik: Ludger Edelkötter
Text: Rolf Krenzer

1. Streit, Streit, Streit, es ist sehr schnell so weit. Es kann so schnell ge-sche-hen, wenn zwei sich nicht ver-ste-hen. Ein win-zi-ges Ver-ge-hen, ja dann ist es so weit: nichts als Streit, Streit, Streit, nichts als Streit, Streit, Streit.

2. Streit, Streit, Streit,
   es ist sehr schnell so weit.
   Wenn zwei sich nicht vertragen,
   wenn sie sich Böses sagen
   und endlich gar noch schlagen ...
   Ja, dann ist es so weit:
   nichts als Streit, Streit, Streit!

3. Streit, Streit, Streit,
   es ist sehr schnell so weit.
   Keiner will unterliegen,
   den andern nur besiegen.
   Und so kommt es zu Kriegen ...
   Ja, dann ist es so weit:
   nichts als Streit, Streit, Streit!

4. Seid euch gut!
   Bezwingt doch eure Wut!
   Lasst es damit bewenden.
   Lasst uns den Streit beenden,
   fasst fest euch an den Händen,
   bezwingt doch eure Wut!
   Seid euch wieder gut!

Konflikte

Streit entsteht – Streit vergeht

① Spielt die Geschichte nach (Gesichtsausdruck und Körperhaltung) und sprecht anschließend über eure Gefühle dabei. Welche Worte habt ihr benutzt, wie habt ihr dabei ausgesehen?

② Haben sich Roman und Pedro richtig verhalten? Sucht in eurer Gruppe nach einer Möglichkeit, den Streit ohne Gewalt zu beenden.

③ Spielt eure Lösungsmöglichkeit vor. Wie habt ihr euch jetzt gefühlt?

④ Vergleiche die Gefühle, die Körperhaltung, die Stimme und den Gesichtsausdruck während des Streits und bei der gewaltfreien Lösung.
Warum ist es gut, einen Streit ohne Gewalt zu beenden?

Ich bestimme hier aber!

Wie können die Kinder ihren Streit beenden?

- aufeinander zugehen
- ruhig miteinander sprechen
- keine schlimmen Wörter sagen
- abwechselnd bestimmen
- einen Vermittler zuziehen
- das falsche Verhalten einsehen
- ?

① Erzählt, wie der Streit zwischen den Kindern entstanden ist.
② Wähle mit deiner Gruppe eine Schlichtungsmöglichkeit aus und stellt sie im Spiel vor.
③ Überlegt Vor- und Nachteile eurer Lösungsmöglichkeit für Sandro, Lisa und Markus. Welche Lösungsmöglichkeit scheint für alle Beteiligten am besten zu sein? Warum ist es auch für dich wichtig, sich nach einem Streit wieder zu vertragen?
④ Denke daran, wenn du einmal mit jemandem Streit haben solltest.

Friede

„Bloß keinen Zank
und keinen Streit!"
Das heißt auf Englisch
ganz einfach
PEACE
und auf Französisch
PAIX
und auf Russisch
MIR
und auf Hebräisch
SHALOM
und auf Deutsch
FRIEDE

oder:
„Du, komm,
lass uns zusammen spielen,
zusammen sprechen,
zusammen singen,
zusammen essen,
zusammen trinken
und zusammen
leben,
damit wir
leben."

Josef Reding